犀の角のようにただ独り歩め

――「スッタニパータ」

言いたいことが…言えないひとの…政治学

IITAIKOTO GA……IENAIHITO NO……SEIJIGAKU

岡田憲治
OKADA KENJI

犀の教室
Liberal Arts Lab
晶文社

デザイン　APRON（植草可純、前田歩来）
装画　高橋あゆみ
DTP組版　飯村大樹

はじめに

ふつうに生活しているだけで、私たちは他者との不和や衝突やトラブルに出くわしてしまいます。家でも職場でも地域社会でも、それから政治や国際社会でも、人間同士のハレーションはどうしたって避けられないものです。

そんなとき、自分が我慢すればいいことだと黙って耐える人は多いでしょう。周囲にさしさわりのない愚痴をこぼすことで気を紛らせながら暮らしているかもしれません。相手にガツンと言えたらスカッとするけど、後々のことを考えると言えない……そんな場面はいたるところにあります。我慢を溜め続けていたら、もうこれ以上は無理だというレベルになって、コップから水があふれるように爆発するというケースもあるでしょう。

でも、本当に「言える」か「言えない」かの二つしか選択肢がないのでしょうか？　主張したり発言したりできないのなら、私たちは黙って我慢するしかないのでしょうか？

そんなことはありません。私は長らく政治学を専門分野としてデモクラシー論を研究しながら、大学の教員、ＰＴＡ会長、ＮＰＯの世話人などを務めてきました。大小のコミュニティに属しながら、そこでの社会関係を政治学的に考察するなかで、たくさんの伝達方法を見てきましたし実践してきました。黙るのでも声を荒げるのでもなく、**ほどよく説得したり依頼したり交渉したりと、対話のための技法はたくさん**あるのです。さまざまな技法と用例について、政治学の知恵をつかって考えてみようというのが、本書の主な内容です。

この本は、言いたいことは言えないときのほうが多い、でも本当はもっと風通しをよくしたい、一ミリでもいいから自分の世界を変えたいと思う人のために書かれました。

幼稚園から大学までの学生生活でも、大人になってからの職場や地域活動においても、公には「ハキハキとちゃんと言える人」にはスポットライトが当たりがちで、黙っていると「言わなきゃわからないじゃない！」などと叱られることもありました。堂々と話すことが美徳とされる建前があるわけです。いっぽうで、言いたいことをはっきりと主張すると、冷ややかに見られたり馬鹿にされたりもします。「かっこつけてる」「調子に乗ってる」「空気読めない」などと言われて。そんな経験をしていくなかで、中高生くらいから急にみんな本当のことや気持ちを言わなくなるものです。

それは政治や社会問題でも同じです。「声を上げよう！」「しっかり主張しよう！」「沈黙と無関心は悪！」と言われてきて、発言することがミンシュシュギを発展させるとか、世界を変えるきっかけになるのだと教えられてきました。だからものを言えないひとたちは、なんだか置いてけぼりになったような気分になります。いっぽうで、力を振り絞って声を上げてみれば、今度は「生意気だ」とか「権利主張ばかりしている」など腐すようなリアクションも出てきます。**いずれにしても、「発言」や「主張」という言葉にはあまり幸せな香りを感じなくなってしまうでしょう。**

でも、黙っていたり上手く言えないからといって、何も考えていないとか意識が低いとか言われると、やっぱりムカつくし、心が閉じてしまう気がするのではないでしょうか。考えていても言えないことだってあるからです。思いが強いからこそ言葉を選んでいるときだってあるからです。「いいよね、何も考えずにただ言っているだけの人って」なんて嫌味な気持ちも育ってしまうかもしれません。

私は、三〇年以上も大学教員の仕事を続けてきて、ひたすら「ちゃんと発言・主張できる人になってください」と若者に言い続けてきました。そして、今も言っています。「ここに（大学）いる人は、ちゃんと話せて、ちゃんと書けて、ちゃんと読める人にならねばなりません」と。その基本は、これからも変わらないと思います。

しかし、社会に対して「ものを言う」ための条件や環境は、時代や社会構造や場所によって異なり、一律に同じではありません。ちゃんとものが言える、多少の悪条件や悪環境にあっても、堂々と主張できる人たちだけをメンバーにして政治や社会と向き合うだけでは、協力者がまだ足りないのです。つまり世界を変えることができません。「ものを言えない人は、人の言いなりになるしかない」とする結論では、弱くて小さな人間が協力をするためのスペース（社会）を維持することができないのです。民主政治とは、なるべく多くの人の力を引き出すためのシステムだからです。にもかかわらず私は、「人の言いなりになる人生を送りたくなかったら、読めて、書けて、言える大人にならねばならない」と、大学にいる若者たちを長い間、追い詰めてきたことになります。

私はこれまで、言いたいことを言えないひとたちの環境や境遇を軽く見てきたし、「条件が整わなくても主張をやめてはならないということは変えられない」と諦めてきたのです。でも、それでは自分たちや愛すべき隣人を守ることのできる分厚い社会をつくっていくことができないと思い直しました。そういう「なかなか言えない人たち」の持っている、まだ発揮されていないさまざまな力を、これまでのやり方とは違う方法で引き出さねば、社会はより良くなっていかないと思ったのです。だから、この本は自分がこれまで軽視してきたものごとや人々に対して、反省的にもう一度向き合い直すためのチャレンジでもあります。

言いたいことはそうそう言えない。でも自分だけが我慢しているのも納得できない。**自分のなかでモヤモヤを溜め続けるよりは、なんとか言葉やふるまいで思いを伝える工夫をしてみてもいいかもしれない。**そう思われる方は、お付き合いいただければと思います。

本書は二部構成になっています。第一部の理論編では、「言いたくても言えない」という歯がゆい状況がどのように生まれ、そこからどうやって脱することができるかの方法を探ります。第1章では、私たちは何を恐れて「言えない」と思うにいたるのかを考えます。第2章では言葉で伝えるための工夫を、第3章ではふるまいによって思いを伝える技法を掘り下げていきます。

第二部の実践編では、一〇の具体的な事例を考えていきます。家庭、生活圏、社会、国家、世界と、エリアを変えつつ私たちが出くわしがちなシチュエーションで、思いや考えを伝えてほんの少しでも世界を変えるための技法を考えてみました。「ちょっと設定を変えれば自分の話と重なる」と読者のみなさんに感じていただければ嬉しいです。

それから、この本のページをめくっていただくにあたって、みなさんに心に留めておいてほしいことがあります。

それは、「言えないことはまったく問題ではない」ということです。うまく言えない自分を卑下するよりも、**したいこと、したくないこと、できること、できないこと**を切り分けるほうが建設的なスタートです。みなさんは気づいていないだけで、すでにさまざまなことを言うことができるし、ふるまうこともできているはずです。ゼロから始めるのではありません。すでにもっている経験や技術を活用しながら、一緒に考えていきましょう。

言いたいことが言えないひとの政治学

もくじ

第2章

「言う」ための技法

第3章

「やる」ための技法

実践編

理論編

理論編
第1章

「声を上げよう！」と言われても

言いたいことはそうそう言えない

大人の人生においては、他者や隣人とともに生きて行く以上、どうしたって衝突や葛藤、意思疎通がうまくいかない場面があります。もちろん剥き出しの悪意に遭遇することも不可避です。社会関係を前提に仕事も暮らしもある以上、それらを皆無にすることはできません。しばしば起こる衝突や対立はじつに面倒であって、できればそんなものが全部なくなってしまえばとも思いますが、そうもいきません。

折り合いがつかなくても、こちらに非がない時には、言うべきことをちゃんと言って毅然としていれば良いのですが、「言うべきことを言う」ことが、日々を生きていくための最良の手札になるとは限りません。多くの場合、よく考えずに言ってしまうと修復に数倍のコストがかかり、場合によっては長年の付き合いが破綻してしまうこともあります。だから**「そうそう言**

えない」のが日々の暮らしです。

この世には、「ま、言いたいことはないわけじゃないけど、基本的には黙って〝はいはい〟って言ってやり過ごしています」という強者もいますが、現実になんとかしなければいけないことは迫りますし、あまりモヤモヤを抱え込みすぎると身体に影響が出て体調が悪くなります。私などは、あまりに対人関係でストレスが溜まると、脳内の神経伝導系の物質の分泌が悪くなって「疼痛コントロール」ができなくなり、かなりの確率で腰痛になります。これがもっと酷くなったとき、老化も手伝って大病になったりするのかもしれません。だから、そうそう黙っていられないのです。行ったり来たりします。言いたい。でも言えない。でもモヤモヤは溜まる。そういうことです。

「ちゃんと言いなよ」がもたらすもの

そんなことを言いながら、じつは私は中高年で、男性で、大学の教員で、体躯《たいく》大柄なので、社会生活するにはいわゆる「押し出し」がよい人と思われています。まだまだ男性優位の構造が残る令和の世の中で、人が話を聞いてくれる率が高く、かつ言論人ですから、それなりの影響力を発揮できます。だから私は、自力だけでは得られなかった時代環境や属性の助けを借りて、「言うべきことを言う」を比較的貫きやすい立場にいるのです。

子どもが通う小学校でPTA会長を務めた数年前、放課後の学校の校庭利用をめぐって少々納得のいかないことがあったため、教育委員会の課長クラスに電話を入れて、「少しお話しとお尋ねをしたいことがあります」と申し入れました。「五〇代・男性・大学教授・PTA会長・忖度《そんたく》ない物言い」がそろったため、電話の相手は次の場面を忖度し、「先生、明けて月曜日の朝九時に〇〇課までご足労願います。上席を二人出席させます」と、実に丁寧な対応でした。

後日これを女性PTA役員の友達に話したら、「役所なんて、あたしたちみたいな主婦だったら、ケンモホロロの対応だよ。やっぱり男のキョージュは使い回しがいいよね」と、褒められているのか貶されているのかわからないことを言われました。でも、その通りなのです。

つまり、私は「言える」大人なのです。「伝わるか」は別ですが。

「言える」大人ということは、再度強調しますと、ある種のこの世のカラクリによって、最初から「お話を伺いましょう」と言ってもらえるというアドバンテージがあるために、「あれこれ多方面に気を遣わなくてもいいと思い込んでいる昭和のおじさん」という意味でもあります。もちろん、ひとコマ九〇分の授業を一年間に一五〇回くらいやる生活が、もう何十年も続いているので、人前で話すことの経験値もスキルも高いです。

だから、そういう世の中のカラクリという有り難き条件を忘れて、「大人なら言うべきことを言えよ」なんて啖呵《たんか》を切ると、それは実に傲岸不遜《ごうがんふそん》な態度であって、この世の中で「そうそう言えないよ」と思っている人たちのモヤモヤへの想像力が足りなくなります。これに気がついていないおじさんが多いのです。

そのアンイーブンな感じを押さえておかないと、この本のメッセージは人々に届きません。**私は、私自身のそういう「助かっている部分」を踏まえて、その上でみなさんと共通する悩みについて考えたいのです。**

ＰＴＡ会長を始めた最初の年などは、「ちゃんと言える」自分ばかりを基準にして、言うべきことを言わない、言わないで「後からくどくどと文句を言う」、そして言わないを貫き通していきなりいなくなる、といったふるまいをする大人に、「大人ならちゃんと言えばいいじゃないか」と伝わらない正論を投げ続けました。そして、その結果お決まりの孤立となりました。「大人なら言えよ」は、孤立につながります（拙著『政治学者、ＰＴＡ会長になる』毎日新聞出版）。

ＰＴＡ共催の子どものためのイベントが終わり、楽しかった一日を振り返って居酒屋で乾杯となります。

「みんな休みの日に来てくれてありがとう。え？　◯◯さん、幼稚園のパパ友だったの？　うそぉ……あれ、Ｓちゃんママどうしていないの？」

「ゲームコーナー係の班長さんが〝反省会やる！〟って言って、まだ来られないんだって」

「ええ？　何を反省するんだよ（怒）！　感謝以外に伝えることなんかないだろう（激怒）！」

「誰だって行きたくないよ、反省会なんて」

「だったら嫌だって言えばいいじゃないか！　要らない反省会に黙って耐えて、人間の一生が何よ！　嫌だって言えよ、大人だろ⁉」

「それはオカケンだから言えるんだよ。普通は言えないよ！」

「オレが普通の大人じゃないって言うのかよ？」

「うん普通じゃないし……」


こんなやりとりになります。最後の言葉が引っかかりました。

「沈黙してはならない」と伝えた理由

その後、地域での孤立、葛藤、和解、訓練、修正を通じたさまざまな気づきによって（現在も進行中です）、「ちゃんと言おうよ」という促しが、隣人たちをあまり勇気づけることにならないことを私はようやく身体で理解しつつあります。それは、「言わない大人＝ずるい・怠惰な大人」という偏見をくつがえすほど、とんでもなくワンダフルな地域のママパパたちと友人になり、そこからたくさんのことを学んだからです。「言えない」という状況にある人に「言えよ」と言っても、彼らはますます「言えなく」なるに決まっているのです。でも、条件がきちんと整えば、本当にワンダフルなことを言ってくれる人たちがたくさんいるのです。

そうするうちに、自然と自分が三〇年以上やってきた大学教育の振り返りにもたどり着きました。私は、大学にいる若者たちに長いことひたすら、「ちゃんとものが言えるようになってほしい」と呼びかけ、時には（今の基準では問題になるほど）強く、執拗に、追い込むように「高い教育を受けた者は、沈黙してはならない」と指導しました。曖昧な物言いに対しては、「何を言っているかわからない。やり直し」と突き放しました。ゼミナールの報告の酷さに堪忍袋の緒が切れた時は（切れてはいけないのです）、黙って教室から研究室に帰ってしまい、報告担当学生を恐怖と絶望の地獄の底に突き落とすようなこともありました。

でも、そこには自分なりの信念があったのです。お前たちが沈黙したら、お前たちをこれまで支えてきた人たちに申し訳が立たんだろうと。私は、子どもの頃からたいそうな数の「学校に行きたくても行けなかった」人たちを見て育ってきました。祖父の世代においては、格差社会は今どころではなく、貧困の下に生まれたという事実だけで、多大なる可能性を奪われました。だから、戦後の荒廃から立ち直って経済成長の恩恵に与《あずか》った自分は、学校に行けなかった人たちの幸福のためにお返しをしなければいけないという倫理感を持っていました。無学だった下町の亡き祖父がまだハートにいるからです。

正論で世界を変えることが難しくなった

私が大学に入学した時代（一九八〇年代初頭）は、まだ大学進学率がギリギリで三〇％台でしたから、社会が出してくれたお金で（国公立だけでなく、すべての私立大学は文科省からの補助金を受けていて、それがないと大学の運営は成立しません）勉強をさせてもらっている者は、「言いたいけど言えないです」などと降参してはいけないという思いが強かったのです。

しかし、現在それは少々古臭い考え方なのかもしれません（もちろん、今でも「機会を与えられた者には責務がある」という気持ちはあります）。戦前の旧制高校や帝国大学のエリートならともかく、教育水準の底上げがなされて、同時に中間層が厚く、そしてフラットな様相を示していく戦後の社会発展の道筋からすれば、もはや高等教育の意味づけが変化しています。**そこそこの教育を受けているからと言って、それが「毅然とものを言うべきだ」という倫理を支える社会基盤になっていない**のです。教育を受けた者の知性は、確実に個人化された位相に置かれています。

つまり、「正しい筋で毅然とものを言えば世界は必ず変わるのだ」という信念は、高度情報社会であり、一人がポケットに一台ずつコンピューター（スマホ）を持って生きる「多情報」かつ「情報制御困難」を生きる人たちとの共有地平になかなか結びつかないのです。「知力やそれにともなう言語力は個人的な領域の問題だ」という認識は、公共的なるものの意味を考え直さねばならないほど拡散してしまっています。

なぜならば、正しい筋は世界を啓蒙の光で照らすと同時に、時には理不尽な言葉のやり取りの炎上を招き、その経緯など知らなくても、匿名の安全地帯からどんな酷《ひど》いことでも言えるため、知識ある者に権威づけされていた正論が液状化しているからです。そうしたリスクの危険は、行き着く場が予想できないほど暴走しかけています。

その意味でも、ますます「そうそうは言えない」時代となっているわけです。

名づけられようもない生活者

昨年、私は年間に五〇〇人が自裁を選択してしまうティーンズを対象に、彼らにどうしても生きていてほしくて、自分を守るための飛び道具として政治学の知見を提示しました（『教室を生きのびる政治学』晶文社）。そして、彼らがホームルームや学園祭の話し合いで「そうそう言えない」事情について書き、かつ言えない者たちを否定することなく、「それをそのまま受け止める」と言いました。

「ちゃんと学べば誰でも言えるはずなのだ」という戦後啓蒙の未解決の宿題は、「個人の尊厳と言いつつ、一人ひとりをきちんと見据えそこなっている」ことです。この長年の宿題をそろそろ済ませねばならないと確信したのです。

第二次世界大戦からこれまでの民主主義教育は、多くの犠牲を出した戦争の惨禍《さんか》を繰り返すまじと、高い理想を掲げ、前近代的な発想や遺制から己を解放させるべく平和の尊さ、そしてそれを維持する社会を守るためになされてきました。焦土と化した国土を瞼《まぶた》に焼きつけ、戦地からもう二度と帰ってこない大切な人たちのことを胸に、戦後の民主主義教育は国家が暴走しないための基盤を強めるものとして貢献してきたのです。戦前は正しいことを正しいと自由に言えない時代が続いていましたから、勇気を振り絞らなくても正論を自由に述べる機会があることは、多くの戦後を生きた人たちに知恵と力を与えたと私は思っています。このことは否定できません。

しかし、苦難の記憶と荒廃した社会の復興という目標を共有している時代には、優先順位を二の次にされていた問題がありました。それが新憲法ができて八〇年近くになる現在、あらためて浮上しています。それは一丸となって「復興と成長」をするために力を合わせることで見過ごされがちになる「社会を構成する一人ひとりのかけがえのなさ、尊厳をどう守っていくか」という問題です。

もちろん社会的弱者、少数者への眼差しをどう育んでいくかという教育には、諸先輩方の尽力によって、これまでも多大な貢献がなされてきました。しかし、**弱者というカテゴリーにはなく、かつエリートの幸運を得たわけでもない、名づけられようもない普通の生活者が、教室の中や働く現場で抱えたさまざまな苦悩や苦労は、あまり顧みられてこなかった**のです。教育は、質よりも「量」の問題として扱われてきたのでしょう。

社会に大きくかつ共通の目標や課題があるときには、個人の事情や悩みにはフォーカスが当たりにくいし、たいていは「みんな頑張っている。文句を言わずに努力しましょう」などと扱われがちです。その意味では、「贅沢は敵だ！」という戦前のスローガンと「二四時間働けますか？」という高度成長期のメッセージは、実はそれぞれの時代において「個人は二の次」という目線のものとして、同じ働きをしたのかもしれません。そして、そのまま現在は「自己責任でしょ？」です。

つまり教育のシステムも、「効率よく、共通目標に向けて、一丸となって鍛錬と修練を積み上げるやり方」としては変わらず、ただ目標が「大東亜共栄圏」から「戦後復興と経済成長」になっただけで、実は同じやり方、すなわち軍隊教育的方式であったことがわかります。そして、その時に一人ひとりの学生（兵隊）のいる空間は、その個別性への想像力が欠けた、極めてフラットなイメージとなります。だから、教育を受ける者たちに与えられるメッセージは「意見をはっきり述べてお互いを高め合おう」という教えであり、それは戦時中ならばそのまま「撃ちてし止まん！　玉と砕けよ！（撃ち続けよ！　陛下のために命を捧げよ！）」となっていたのです。個人よりも集団的目標を優先する考え方です。

もしそうであるなら、人格を消された兵士のように扱われた教育システムでは、「自分の頭で考え、覚悟をもって決定をして、それを他者に伝える」人間など育つはずがありません。

ティーンズたちは決して学びそのものを忌避しているのではありません。学校は友人に会えるし、さほど嫌いではありません。「学級」という空間が息苦しいのです。兵士たちの回顧録にある「内務班（兵舎での生活空間）が地獄だった」ということと重なります。

話が長くなりました。世界は理念と正義を掲げていれば誰彼の区別なく平等で対等であるというのは、体温のない数式のような考え方です。実際の人間の集団はそんなフラットなものではなく、もっとバラバラでデコボコで、多様で混沌としたものです。そうした中で、ストレスを抱え込んだ者たちにとって最優先の課題は、自分の「安全確保」です。そしてそれは、学校を出て社会で働く、地域で生きるすべての大人に共通する第一優先課題です。

そんな苦しい事情をさほど気にせずに、言いたいことをそこそこ言えるのは、私が特権的な「中高年、社会的地位のある、男性」だからであって、そうでない人たちは、正論よりも己を守るための態度と言葉を慎重に積み上げるしかないのです。

だから、言いたいことを「そうそう言えない」のは当たり前なのです。

言えない理由を切り分けてみる

言いたいことはそうそうは言えないけれども、言いたいし、言わなければいけない生活をしているのが大人ですから、ギリギリで「言える条件」を考えることはどうしても必要です。この憂き世を死ぬまで生きねばならないのですから。私たちの愛すべき友人たちの力を引き出すためには、言えない事情をきちんと理解して、いっしょにそこから始めましょうと肯定して、ともに失敗だらけの人生航路を振り返りつつ、知恵を出し合わねばなりません。

よくよく思い返してみれば、こんなことを書いている「言えるアドバンテージ」があるように見える私だって、いつだって言いたいことや言うべきことを忖度も頓着もせずに、毅然と言い放ってきたわけではありません。そんなに勇ましく景気の良いことは言えないのです。臍《ほぞ》を噛む、目を瞑って無言で耐える、そしてやり場のない、吐き出せない本音を酒場で発散したこともあります。言えなかった事情を、おしゃべりなお調子者ほど忘れてしまいがちです（私のことです）。

だからと開きなおってしまえば、「ま、そうそう言えないのよ」で話は終わりです。「世の中は色々あるから　どうか元気で　お気をつけて」（奥田民生）です。無事をお祈りします、です。でもそれでは、この本を書いた理由の一つである、「簡単にギブアップしないで世界を一ミリでも変える知恵を共有する」まで到達できません。だから、そうならないためにも、丁寧に考えねばならなりません。

そうです。考えるべきは、**私たちは何を恐れて「言えない」のか**、です。

「言えない」は、切り分ければたくさんの「言えない」によって構成されていることがわかります。そもそも「言えない」と「言わない」は同じではありません。〇〇になることが嫌だから「言えない」だと、かなり萎縮してしまっている感じですが、▲▲だから「言わない」とすると、少し余裕を持っていろいろな選択肢を静かに用意している感もあります。だから、どういう状況で「言わない」のか、状況の解像度を上げておくと、「ならばどうするか」というところに建設的につながるような気がします。

人は、何かに対してあまり積極的になりづらい、腰が重い、気が進まない時に、そのことに向かい合うのが嫌なので、ぼんやりと「なんか、嫌だな」と思っています。この「嫌だ」の中身はおそらく一種類ではありません。いろいろ混ぜこぜになって「何だかなぁ」なのです。だから「なんだか言えないなぁ」と思っている時も、「言うと起こるだろう何かへの不安」がうごめいています。

でも、余裕が少しだけある時には、「いったい自分は何が一番不安だと思っているのだろう？」と自問自答してみると、意外にも「そんなことが嫌だったのか？」と拍子抜けみたいな気持ちになることもあります。懸念そのものは、そのままにせず何らかの対応も必要ですが、私たちがある案件について「気が進まない」理由は、胸につかえているでっかいカタマリではなく、「それが気になっていることが気になっている」という場合も多いのです。気に病んでいる自分を嫌になっているのです。

自分の気持ちをつかめないから

そこに気がついてみると、余裕がある時には非常にあっぱれな着地をできたりするのです。例えば、「会合でTさんにとても**不愉快なこと**を言われた。自分の努力が**否定された気分**だ。その人からは**いつも**そういう**攻撃**を受ける。私を理解しようとしない態度に、悲しみや憤りを感じる。次の会合に行く気がしない」という場合に、「嫌だなぁ」を切り分けてみると、大雑把《おおざっぱ》にしていたものが解体されていきます。個別の素材が見えてくるのです。

「不愉快なこと」とは何でしょう？「あなたがやっている子育てサークル活動って、参加費とか言ってお金取るんだ？　いいよね、バイトになって。あたしなんか全部ボランティアでやってるから、たまに思うよね。時給計算してほしいんですけどって」と言われたとします。何が「不愉快」だったのでしょう？「お金が絡むなら善意じゃなくてビジネスじゃん」と決めつけられたことが不愉快だったのでしょうか？「あたしなんて全部ボラだよ」と言われて、「本当は自分だってちゃんと稼げるけど、こんなことやってる」という、Tさんの「善意の貢献を低く見るような態度」に腹が立っているのでしょうか？

「否定された気がしている」のですが、「何が」否定されたと思ったのでしょうか？　その人から「いつも攻撃を受ける」とのことですが、それは本当に「いつも」なのでしょうか？「攻撃」という言葉は強過ぎないでしょうか？「悲しい」気持ちと「憤り」とは、どちらの方が強いのでしょうか？「次の会合」には行かないで済ませることができるのでしょうか？それとも、笑顔で「はいはい」って言ってやり過ごせるでしょうか？

そうやって切り分けてみたら、イベントのお茶代と資料のコピー代、会場の経費などをみんなで頭割りしたら千円くらいだったのに、それで「金儲け」と誤解されたことについては、むしろ「そんな安っぽい誤解をするなんて」と同情の気持ちすらあることに気がついたりします。「あたしだって稼げる」とわざわざ言うのは、自己承認欲求にもとづく、余裕のないTさんのはみ出る気持ちだったのかもしれません。

「いつも」言われると思っていたけど、タイミングに拠るような気もしてくるのではないでしょうか。「攻撃」じゃないのかもしれない。Tさんは「誰もあたしが頑張っていることを認めてくれない」って、寂しい気持ちを吐露しているのかもしれない。

そうやって切り分けてみたら、「同じ立場だったら、やっぱり頑張っていることは認めてほしいし、余裕がなければ人の真意を誤解することもある」なんて思い始めて、そして「あんなふうに口にしてみるほど腹を立てているわけでもなかった」なんて自分で気がついたりします。今度会ったら、冒頭に「忙しいお仕事の合間を見つけて来てくれてありがとうね」と言って、「よくやってくれてるね」と感謝しよう。それくらい大人の作法だな。そんなふうになるかもしれません（ならないかもしれません）。

最初は、「はぁ？　必要な経費を頭割りすればわずかな負担ですよ。その程度ではお金儲けになんてならないのは、おわかりでしょう？　それはいじわるな誤解です」という脳内作文ができあがっていましたが、その時は言いませんでした。だからモヤモヤしていたのです。でも切り分けてみたら、一瞬の沸点の低さで悪い気持ちに支配されてしまったけれど、温度が戻るとそうでもないと気づき、自分が何を恐れていたのかが浮上してくるかもしれません。

言わなかった理由は、「言い出したら、瞬時の気持ちに乗って、ひどい言葉を返してしまいそうだったから」という自分自身に対する不安だったかもしれません。スイッチが入ると、溜めていたことを全部言いがちな自身の迂闊《うかつ》さを恐れていたということです。

これがわかれば、逆に「どうしたら言えるのか」が、最初の段階よりも少しクリアになっているような気がします。「一呼吸置いて、自分と向かい合う」ことで穏やかに言える、あるいは寛容にやり過ごせるようになるかもしれません。とにかく、大切なのはその理由の切り分けです。

波風が立つのが嫌だから

昨今は新学期の大学の講義で、この間まで高校生だった一八歳を相手に、「この授業は、学問以前の〝のびのびした学びをするため〟のリハビリ授業です」と呼びかけます。なぜならば、小中高の一二年間に、ちょっとでもミスをすればアホの烙印を押されて、マジオワルと異常に怯えている学生が（私の印象としては）ひどく増えているような気がするからです。

講義の後に書くリアクション・コメントを出し忘れた、欠席した理由をメールで伝え忘れた、その他微細なことに、ひたすら「すみませんでした！　以後このようなことは決して致しませんので許してください！」みたいなメールが少なからず来るのです。そして、とにかく自分の言動が、まわりにどう受け止められるのかを神経症的に気にして、いつも発言した直後に「自分はどう思われているんだろう？」と心配しているのです。

その気持ちは経験がありますし、できれば「デキる奴」と思われた方が嬉しいのですが、それにはある程度の時間が必要です。「あ、すいません、勘違い多いんで」と煙《けむ》に巻いたり、「アホなことやって成長するタイプっす」と、おどけていればいいだけなのに。

こういう**「間違えたり、意見が対立することをひたすら恐れる」メンタリティ**を、この一八歳たちの多くは二〇年後に、職場や子育てのPTAの場にまで、ずっと引きずるはずです。ちょっとは人生経験値を上げてはくるのですが、基本は大きく変わりません。たった三行の定番挨拶スピーチにもメモが必要なくらい不安な大人がたくさんいます。でもそれは善悪の問題ではありません。「そういう人も含めて」私たちの隣人集団はつくられているということです。

どうして「言えないのか」について、「とにかく、いろいろ、なんだか、自分に自信がなくて、ちょっとでも人間関係に波風が立つと、もう全部自分のせいにして、そのことで気持ちが負のスパイラルに巻き込まれるから、黙って全部収まるまで静かにしていたい」ということがわかれば、それはそれで、そこから対策を考えれば良いのですから、「そういうことなんだなぁ」で良いと思います。調子が悪い時は、私も「自分は仕事の現場で、相当嫌われているのかもしれない」という疑心暗鬼の沼に入ることもあります。特別なことではありません。

とにかく、波風が立つと「それは自分のせいだ」と思ってしまって、「そうそう言えない」ケースがあるわけです。

角が立つと面倒くさいから

言えない事情がどのくらいの比率でこの世に存在しているかは、調査をすればちょっとはわかりそうですが、おそらくかなり多くの人が、こう考えているのではないでしょうか?

「言っちゃえばいいんだろうけど、面倒くさい」

この「面倒くさい」もいろいろあります。そして、もしかするとこの本の読者の「言えない」理由の大半は、ここにあるかもしれません。体育座りをして、両膝の間に頭を埋めて、唸り声をあげて「ダメだ、やっぱり私にはできない！」などと、悩んだ末の決心ではなく、「あぁ、めんどくさっ」という、けっこうカジュアルなやつです。

ここのポイントは、要するに「**言っちゃった後の処理のコストが高くつく**」ことです。言っちゃったために恨まれて、相手の行動の想定範囲が広がる（何をしだすかわからない）かもしれません。言っちゃったために攻撃と受け取られて喧嘩になって、修復のためにまたぞろ言動に注意を払わねばなりません。あるいは、言っちゃったために乱れた感情表現にはならなくても、冷徹な、そして無用な議論を吹っかけられて、上げたくもない脳内温度を調整しなければならなくなります。

あるいは、こっちが対人関係を日々低コストでやり過ごすために丁寧につくり上げてきた「キャラ（ペルソナ）」が壊されるような展開になることを考えると、そのキャラづくりをもう一度やらねばならないと考えるだけで「うう、めんどくさっ」です。特に「浮いている」、「空気読めない」と決めつけられ流れを乱す人だと見なされると、腹の探り合いゲームが複数立ち上がって、コストは二倍ではなく二乗倍になりましょう。もう、考えるだけで「ないわぁ」です。そんなコストを払っても、報われないエナジーと時間を失ってしまうわけです。

こちらが何かひとつ言うと、面倒なことを言い返してくる人がいたり、厄介な状況に陥ったりすることがあります。また、自分自身が「加害者」の立場になることも起こりえます。言うべきことをきちんと言ったつもりなのに、「心が折れた」とか「うつ状態になりました」となり、「傷ついた隣人のケアをする」という仕事が増えたりする場合です。迂闊《うかつ》な物言いで誰もが加害者になってしまいます。

例えばこんなこともよく起こります。当初、来月のイベントの目玉となるフェスのゲストになる予定だった著名学者が突然「私は出ない」と言い出し、チラシもウェブ情報も何もかも全部セッティングしてありました。あと三週間を切っているのに、「どうしてこんなことになったのか？」と部下に事情説明を求める……という話だったのに、違う話になってしまうこともあります。部下が突然出社しなくなってしまったりします。

「ゲストが謎の欠席」でスタッフがプチパニックになった途端、犯人探しが始まって、「どうしてちゃんとあの人をケアしておかなかったのか！」と上席が怒りを爆発させたことが原因で、長年積み重なったフラストレーションが臨界点を超えて、気がついたらもう次のフェーズに移り、「パワハラの構造を放置したのは誰で、その上席をも含めた新しい人事刷新が必要だが、それをどう役員クラスに伝えるか」という問題になるのです。考えただけで憂鬱になります。

言うべきことを言った結果、社会経験の少ない新人くんが「出勤不能」という事態も頭を抱えたくなりますが、それにコストを払って何かの対応をしてもあまり報われません。だから「はい、この件は放置！」と静かに決定したくなります。そんなコスト誰が払うのよ、です。

そもそも、仕事の詰めが甘い若手が失敗したなら、きちんと振り返りをしなければ同じ過ちを犯しますから、そこは「ちゃんと」確認させねばなりません。それは先輩としての責務ですし、それだって若手を育てるという大切な仕事です。

しかし、パワハラと真摯な指導の線引きは非常に難しく、今日、曖昧に「ケースバイケース」にしておくことに耐えられなくなると、もう「パワハラだと言われたらアウト」という時代となりつつあります。「思われたらアウト」であるなら、もう誰もコストを払う者はいないでしょう。「ちゃんと言うこと」のコストが計算できない時代になってきているのかもしれません。

圧力や制裁が怖いから

ハラスメントを受ける側からすれば、種々の強い圧力によって、自分が不利な状況に追い込まれる恐怖と不安が原因で「言えない」状況になります。ＰＴＡのような任意団体なら、原則的には「出入り自由」ですから、不当なやり方や運営があれば「私は抜けます」で終わりですが、**運営する側が権力資源を独占していて、かつそこにこちらの生活と人生がかかっていたら、法律の文言や規則に何が書いてあろうが、もう歯向かうようなことは言えません。**例えば企業は明確に社会権力を持つ組織です。

後に詳しく触れますが、もちろん働く者たちは金で買われた奴隷ではありませんから、まともな民主主義センスと制度のある国や社会では、各種の労働法によって「それは違法ですよ」と経営者に警告を与えたり、「その解雇は帳消しにしなさい」と裁判所を通じて命令したりできます。日本が戦争に負けて、連合軍による民主改革が断行された中で、この「働く者たちを大切にして、奴隷やロボットにさせないための権利を守る」法律の整備は、最も大切なものの一つでした（本書「実践編」第5章参照）。

とはいえ、ルールや法がいくらあろうと、その執行と運用にはそれを担当する者たちの裁量が含まれていて、法律は人間の一挙手一投足をこと細かくは制御できません。各々の企業には、企業内部の社則が用意されていて、会社を守るために従業員たちに「不利益処分」を下す罰則などが設けられています。そのルールは多くの場合非常に大雑把なもので、悪しき運用をされても、実際に違法行為や損害が生じて、それを司法に訴えるまでは問題にされない場合がほとんどです。企業が権力組織だというのはそういう意味です。

上司に無理難題を押しつけられた。仕事の失敗を人格否定するような言葉でなじられた。隠然と社会ルールや法律に反する行為を強要されて、従わないと不利益処分（解雇や降格）、あるいは実質的な制裁（遠隔地への左遷や無意味な労働行為の強制）を示唆された。そういう「会社をつぶすわけにいかないからね」の一言ですべてを正当化しようとするような圧力を受けます。ローンが払えなくなったり、子どもの教育費が失われたり、これまでの会社への貢献が評価されなくなったり、そうなるともう戦う気力が枯渇してきます。

そんな時には、私たちはもはや自分たち自身の判断や能力だけで事態を改善することはできません。だから「言えない」のは当然で、できれば「言うのが仕事の人（弁護士）」や「調停委員」、その他会社内のコンプライアンス担当の申し立て窓口にアクセスするのが賢明です。

ただし「うちの会社は社長の独裁体制だから、そんな窓口なんかないんですよ」という場合も多々あるでしょう。状況はそれぞれです。

でも、こんな状況の中で「言えない」というのは、まったくもって当たり前のことですから、このことで必要以上に怯えることもないですし、「一番何を守らねばならないか」からの逆算をして、コスト計算をして、専門家に相談することが大切です。

こんな時は、「自分一人で言わなくていい」のです。

孤立するかもしれないから

私が大学院学生だった一九八〇年代後半の話です。これは、前項のようなあからさまな権力ではなく、独特の力学が作用する事例です。みなさんの生活圏内にも「あるある」の話です。

私のいた大学院には、指導教員ごとに相撲部屋のような蛸壺《たこつぼ》的な構造があり、言わば指導教員は「親方」で、弟子の若手助教授や助手は「部屋付き親方か関取」、博士課程の学生は「幕下」で、修士課程や研修生（大学院受験準備中の科目履修生）が「三段目以下の褌《ふんどし》担ぎ」でした。

学期が終わると親方を囲んですべての弟子たちが揃い踏みする宴席が設けられます。ほぼ番付順に並んで座り、親方の両脇には若手の助教授がいて、弟子全員が親方の話を黙って聞き、時にはお世辞笑いや相槌を打ちます。兄弟子たちは、親方が話したい昔話を引き出そうと努めます。これは楽しい宴席ではありません。「苦役（labor）」です。

親方の話は退屈なもので、今のポリティカル・コレクトネスの観点からは到底許されない話もたくさん含まれていました。性別、人種、生まれ素性に関わる差別発言もありました。専門知はあっても基盤教養がない人の接待は、本当に魂を削るようなものでした。師匠が明らかにおかしなことを言った場合、「先輩、今師匠がおっしゃったことは明らかに間違っていますよね？」などと耳打ちすれば、兄弟子は「お前はまだ浅い。あれは、我々が及びもつかない深い別のお考えがあってのことなのだ」と諫めるのです。

古今東西、親方と弟子の関係なんてそんなものだと考えれば、「ははぁ、まだ修練が足りませんでした」と調子を合わせて、さっさと関取になるよう（常勤職を得るよう）努力して、隙を見てグッバイすれば良いのですが、ポストを得るにしても師匠の推薦文が必要とされる時代でしたから、とにかくこの老人に疎《うと》んじられると「日干し」になるという恐怖が常にあります。

とはいえ、一部の兄弟子と後輩を除けば、多くの弟子たちは、「あの宴会は生き地獄だ。なんとか止めたいものだ」と考えており、「今度こそ俺が兄弟子に進言して、無益な宴席を止めるようにする」なんて、威勢の良いことを言います。でも、いざとなると本当にびっくりするほど簡単に人を裏切るのです。そして、同じことが繰り返され、金と時間を使って、差別と偏見に満ちた親方の話を聞かされることになります。そして驚くべきことに、権力の中心にいる親方は、己が社会権力を行使しているとは思っておらず、従順なふるまいさえしておけば、なかなか親切で穏やかな老人なのです。つまり「空っぽな権力磁場」の中心がそこにはあるだけです。

そんな宴席がお開きになると、徒労感とともに、私たちの社会にある宿痾《しゅくあ》のようなものに気づくのです。それは、「ほとんどの者たちが、これで誰も幸せになっておらず、大変な苦難と苦悩を背負うことを理解しているのに、誰も何も言わず、全員が『嫌だな』と思ったまま、事態は悪き方向へとひたすら進む」という、「悪き事態への進行を止められない」病気です。

哲学者のロラン・バルトは、中心に皇居という「緑以外何もない」場所を抱える東京を読み解くヒントとして肯定的にそこを「空虚な中心」と呼びましたが、私は「権力意思とそれを表現する明白な言動がないのに、周辺にいる者たちが忖度を通じて自発的に服従をする」というネガティブな意味で、この構造を示す言葉を使っています。

これは、私を苦しめた納会から始まり、みんなに嫌われていた部長の送別会、そしてほぼ全員が「ツマラナイ」と断じている各種学校の卒業式の祝辞、石油の生産力が七〇〇倍もある大国と戦争することが無謀であることを知りながら統治エリートが沈黙したために戦争へと突入してしまった歴史にまでさかのぼれます。これは時空を超えて継続している私たちの病気です。

つまり**合理で判断せず、空気を読んで、苦行に耐え、そしてみんなを不幸にしても誰も責任をとらない**という病気です。

共通しているのは、「アホらしいから止めましょう」と誰も言い出しっぺになりたくなくて、誰かが言い始めるのを待っていることです。そして誰も言いそうもないという空気を感じたら、あっという間に降参して、この不幸と苦難の台風が過ぎ去るまでひたすら耐えるという謎の修行ロジックです。

逆に、誰かが勇気を出して口火を切り、奇跡的にそれを支持する者が現れ、やにわに「世間の温度」が上がってくると、一気に今度は「乗り遅れてはいかん」とばかりに、「実は、私も前々からそう感じていました」などと言い始め、最後は「○○を止めよう！」と大盛り上がりです。雪崩を打つような感じとなります。

これは、「空気を読んで、自分が責任を負う立場にならないように、慎重に周囲を観察して、大勢の方向性が決まったら、意に沿わなくても黙従して」言わない、という「言えない理由」です。もうお馴染みです。この社会で大人として暮らす（子どもですら小学校高学年になるとそうです）ニッポン人なら、とてもよくわかる感じだと思います。矢面に立たないという不動の方針です。

とにかく、私たちの社会は「当事者」や「関わりあう人」や「何かを背負う人」になることを全力で忌避する人たちが溢れる社会です。気持ちはわかります。くだらない宴会が大嫌いだった私ですら、「本当のことを言ってしまう」ことで何を失うかが、その後になって骨の髄まで染みるほどわかったからです。一言で表現すれば、**「勇気を持って何かを背負っても、ピンチになった時誰も助けてくれないだろう」と思っている**からです。

だから、そうそう言えませんし言いません。なぜならば、「それを最初に言ったのは誰だ」と犯人探しが始まり、その後はあまり良いことが起こらないと思っているからです。これは「中心は空虚で何もないのに、何かの力がある中心だと忖度して、自分の合理的意思を貫けないように、自分で自分を呪縛する」権力構造です。

このように切り分けていけば、私たちが「そうそう言えない」理由、すなわち言ってしまうことで何が起こり、何が不安で怖いのかは、さまざまな様相を示していることがわかります。これは、「言えない」と思うとき、それは一体どういう場合、どういう事情なのかを少し細かく考えてみた話です。

誤解してはいけません。「だから」もう私たちは何も言えないのだ、という結論に至るのではありません。こういうふうに言えない理由をきちんと腑分けしておくことで、それを裏返しにすれば「こういう条件が整えば、こういうところに留意すれば、ギリギリでものを言う余地も機会もある」という話につなげることができるのです。

理由は簡単です。私たちは、自分の感情の奴隷でも、他者の奴隷でも、社会組織の奴隷でもなく、慎重にリスクを計算しながら、腹を括《くく》って自分で決めることができる人間だからです。

理論編
第2章

「言う」ための技法

「言う」と「黙る」の間にあるもの

そうそう言えない理由をきちんと受け止め、かつそれを切り分け、「言える—言えない」という二つを人間の優劣や善悪や正邪という二分法から解放させて、あらためて皆さんと確認したいことがあります。それは、「言いたいことを言って自爆する」と「言えないから黙って耐える」と「何もかも嫌になったから逃避する」というものの間には、そこそこの知恵を持った大人たちが何がしかの工夫を持ち合う**広大なエリアがある**ということです。

この本は、「言いたいけどなかなか言えない」人たちのための共有知恵袋ですから、「言いたいことを言って自爆する」に該当する人はあまりいません。ですから、基本は「耐える」と「逃げる」の間にある、今日いろいろな事情で忘れられている人間の選択肢についてのお話となります。

労働問題研究者の上西充子さんの著書に『呪いの言葉の解きかた』（晶文社）があります。そこには今の日本社会の人たちが直面する、さまざまな問題事例がありました。私が注目したのは、労働関係の専門的見地から、そしてそのデータである個別ケースの中から、上西さんが行き詰まってしまった人たちにいくつものメッセージを送っていたことです。

その中でも非常に大切だなと思ったのは、〝辞める〟と〝耐える〟の間には〝交渉する〟という領域があるという指摘でした。これこそ、まさに私がここで皆さんと考えていくきっかけを与えてくれるものです。

コロナ禍によってアルバイトのシフトが大幅に減らされてしまって、経済的に苦しくなった学生やパートタイマーは、「仕事をもらえるだけでもありがたいし」とスジを間違えた反省をして、人間をあまり大切に扱わないやり方を押し付けてくるバイト先の店長クラスの人たちの無理難題に黙従してしまいます。

「バイトだって仕事なんだから、突然体調悪いから休むってシフトに穴開けて、それで売り上げや営業に影響出たら、君は責任とれるの？」などと言われると、あたかも自分が経済を悪くしているかのように謝ってしまいます。

ネオ・リベラリズム的価値観を内面化させてしまった社会では、「結果が出ない、不当な待遇のまま、未来も希望も見えない」ような経済生活は、すべて働く者の自己責任だという呪いの言葉がはびこりますので、労働法という社会を守るためのルールに照らせば到底許されないようなことを押し付けられ、無抵抗のまま受け入れてしまいます。学生の場合は自分の学びの時間を犠牲にして、雇われ店長みたいなことを歯を食いしばってやってしまうのです。そして、どうにも立ち行かなくなったら、携帯を受信拒否にして何も言わずにいなくなります。これをやられるダメージも大きく、雇用者側はなおも強圧をかけてくるという悪循環が生まれます。

私は先述の前著で、学校にいるティーンズに対しては、「言えなかったら言えないでいい。でも、ひたすら聞く、記録する、そして勇気をもって言った者を励ますということだってできるし、それだけできればグレートだぞ」とメッセージを投げました。中高生の教室の風景から見える世界で、堂々とものを言う**以外に**できることを示してみたのです。ただでさえ小さく弱い人間なのに、親の保護を受けてきて、他者からの強めのメッセージへの耐性が低いティーンズには、そう言ったのです。

しかし、本書を手にしてくださっている方々は、彼らよりも経験値も高く、少々の金と知恵と友人、すなわち「溜め」（湯浅誠『反貧困』岩波新書）があります。だから、みなさんとは「言える」時と「言う以外で問題と立ち向かう」時とを切り分けて、各々の場合における「大人の安全保障のための技法」を考えてみたいのです。それをもうちょっと一般的な言い方で言えば、**「言ったり言わなかったりの交渉技法」**になります。

大人は、嫌になったからといって、そうそう言えないだけでなく、そうそう簡単にグッバイもできません。昔は「課長ぶん殴って会社辞めてきた」なんて言って、後先も考えずに父ちゃんが酔っ払って帰ってきたものです（近所や友人の父さんにそういう人がいました）。でも、そうそうできません。ローンも残っているし、子どもの学費や老後の貯金もせねばなりません。だからと言って、黙って従っていては健康に暮らしづらくなります。

着地点はどこか？

技法を考えるにあたって、ひとつ確認しておきたいことがあります。それは、起きている困ったことを「どこに着地させたいと思っているか」ということです。一言で解決といっても、そこには着地する地点が必要で、それ次第では選択する技法や手段も変わってきます。一生かけても着地できないような地点もあります。「世界を愛に満ち溢れた楽園に変える」という着地目標です。逆に「まぁ、どうせみんな死ぬんだから気にしないことだな」なら、世界は何も変わりません。

必要なのは、モヤモヤの鎮静や解決の実現可能性をどう評価して、「できることリスト」をどう作るかということです。この世には、「延々と議論して考え続けることにこそ意味があるのだ」という人間の営為があります。学問と呼ばれるものです。例えば医学の世界では、人間の免疫のメカニズムはまだ完全には解明されていません。人間は外部からの侵入物に対して、必ず免疫作用が働いて外に排除しようとします。だから生命は守られているのです。にもかかわらず、人間は生殖においてのみ、外部からの遺伝子侵入を受け入れます。これはいまだに医学で解明されていませんから、研究し続けるのが学問の役割です。このテーマに一生を捧げる人もいます。

しかし、この免疫問題が、「コロナウイルスの拡散を防ぐ」薬剤として商品化されるとなると、これは「現行の流行性ウイルスを抑えること」いうふうに着地点を定められて、そのために研究リソースをどういうミックスで製品化するかという話になります。

取り組むべきものとして、前者（免疫の解明）を「問題」と呼び、後者（利益を出せるウイルス抑制に効果のある製品をつくる）を「課題」と呼びましょう。「問題」なら、ある事象の本質解明に取り組みます。この時、解決や最適解にたどり着けるかどうかはわかりません。永遠にたどり着けないかもしれません。でも、その過程でさまざまな現象や事実を発見できたり、なおも問題の新しい地平や次元がわかったりします。だから意味があるのです。

他方「課題」は、それに比べれば「ある種の結果を現実的にもたらす可能性が高い」ものに向かい合いますから、着地点は「人々が受け入れやすい好都合な条件のもとで結果を得る」となります。例えば「六年生の卒業記念品をPTA会費から出したいけれど、予算がひとりにつき二〇〇〇円だから、その枠で何を購入するか？」は、「問題」ではありません。「課題」です。

私たちは、普段この問題と課題の違いについて、あまり意識的に考えていません。「PTA会費を値下げするかっていう問題があるんだよね」と話しますが、私のここでの言い方なら、それは「問題」ではありません。ある種の条件の下で多くの人たちの幸福につながる着地点をさがす「課題」です。

言いたくても言えない人たちが、なんとか粘って大人の解決をするためには、延々と問題を議論していても日常生活は立ち行きません。今日の鍋は鶏の水炊きにするのか、キムチ鍋にするのかを決めるのに、「鍋料理の本質」を解明する必要はありません。ここのところカレーはポークだったから、鍋は鶏でね、でおしまいです。ですから、「問題」と「課題」を切り分けたら、次に考えるのは、起きていることの焦点を確認しつつ、その解決プロセスの次のフェーズのために**問題を課題へとコンバート**（変換）**すること**です。

本章ではまず、ものを言うという行為にもさまざまなバリエーションがあることを扱います。「課題」にして着地させるためには、ただ「言う」だけではありません。「我慢する」と「逃げる」の間にある「交渉」をどう工夫するべきかですから、いま自分が置かれている状況を理解するために、「問題」の本質を把握しておくことは大切です。でも「課題」は、それを実現可能な形へと翻訳することですから、そのための段取りを具体的に設計・設定する必要があります。

コロナ禍の影響で、第一子が幼稚園入園以来四年くらいまったく保護者としてのボランティア活動や行事がなかったため、卒園直後に小学校で「ＰＴＡやりませんか？」と声がけされても、若いママパパは反応しません。「なんで仕事もやって家事育児もやって、その上PTAで仕事しなきゃならないんですか？」で終わりです。人が集まらなくなっています。

利他的精神が足りないという単純な話ではありません。「相互利益」「ウィンウィン関係」を育んだり発見したりするためには、その人の身体に、他者と集まり協働することで良い思いをしたという幸福のイメージと言語と経験が蓄積している必要があります。その蓄積がなければ、自分と他者のために集まるという行動に動機づけがなされません。

政治学では、そういうことを「政治におけるシンボル操作」あるいは「政治における象徴交換と互酬性の関係」などと硬い言葉で考えますが、要は「人はどんな時にみんなのために参加するのか？」というお題となります。ですから、この「問題」のままでは現実は動きません。その問題についての議論は、政治学者がやればいいのです。

もし、これを「課題」へとコンバートさせたいならば、課題設定は「参加の契機となる言葉とイメージと風景を喜びとともに蓄積するために、たくさんのお祭りやフェスをやって、ポジティブなイメージを持ってもらう必要があり、その日程とお手伝いメンバーを決める」ということになります。この課題については、コロナ禍以後のPTAをなんとか再生させたいと思う人たちが、無理なくやればいいでしょう（「実践編」第8章でも触れます）。

言い方はたくさんある——工夫しながら言ってみる

こうしたことを押さえておいて、まずは「言える」についてのバリエーションを考えてみたいと思います。そうそう言えないタイプの人であっても、場面によっては「それなら言える」こともあります。そして、それがきちんと相手に伝わって、世界が改善されるというありがたいことも、たまにはあります。これは相手次第です。この世には、以心伝心という関係の中で、幸運なことに「みなまで言うな」で済むパターンもあります。逆に、相手の顔が石仏のように見えてくるほど「わからんちん」の組み合わせになってしまうこともあります。でも、ここは「理論編」ですから、まずは、パターンを記してみます。並んでいる順番は、おおよそ（厳密ではありませんが）「ハードルの高い順」です。

A　勇気を出す

「そんな勇気を出せないから困ってるのですよ」という声が聞こえてきそうですが、なによりもまずマップづくりですからご心配なく。とにかく「勇気を出す」です。キツいです。でも、勇気の出し方もいろいろです。考え続けて、悩み続けて、迷い続けて、もうそういうエネルギーやスタミナが切れると、ウジウジすること自体に嫌気がさしてしまって、そういう自分を解放させたくなってきます。別名「開き直る」です。これは、勇気を絞り出すのとは異なり、

「身体反応」として何かのスイッチがオフになってしまう状態です。この境地に至ると、もうあまりいろいろなものが怖くならなくなります。時には、これで言いたいことを言える状態に入れる場合があります。

でも、これはストレスに直面した時の各々のキャラクターに左右されるので、開き直りができない人は、「なんてリスキーな！」と感じます。そうなると、気合いの入れ方はそれぞれだとなりますから、そこで話は終わりです。でも、その前にみなさんが気がついていないことがあるのです。それは、**「言っても特に悪いわけでもないのに、勝手に〝言ってはいけない〟と決めつけていることがある」**という場合です。勇気がないのではありません。勇気を出す前に、自分で蓋をしているのです。

私は、ＰＴＡ会長の時に、「え？　それって言っていいんですか!?」というリアクションに数えきれないほど遭遇してきました。私は、言っていい理由よりも「言っちゃいけない理由」に過敏に反応する人間なので、まずは「どうして言っていいか悪いかを、そんな手前で勝手に決めつけちゃうの？」と疑問を感じて、「言っちゃいけないと思った理由は何なの？」などと質問に対して質問で返してしまったりもしましたが、この**勝手に言っちゃいけないんだと決めつける症候群**は、けっこう見過ごせない現象なのです。

ＰＴＡの広報委員は学校の情報を冊子にして保護者や教員に配る活動をしていますが、春先に「先生紹介号」冊子を作るのが定番です。冊子には先生のプロフィールと写真が掲載されますが、編集作業で先生たちの顔写真を撮るスケジュール調整を、先生ではなくて広報さんがするのは実に非効率だし、そもそも先生がきちんと保護者に自分たちを紹介するのは、学校側のするべき責務だという気持ちがＰＴＡにはあります。でも、学校側は「仕事は増えるし、ＰＴＡが勝手に紹介したいと言うから協力しているだけで、そっちの仕事」と考えます。

私からすれば、仕事や家事育児のすきまを活用して、ボランティアで広報誌を作っているママパパたちが「写真を撮らせていただく日程についてお知らせいただけませんか？」とお願いメールを書く理由がわかりません。そもそも、自分が載せていいと思うプロフ写真を、広報委員にメールでポンと送っておしまいの話なのです。だから、「そう言えば？」とアドバイスすると、必ず返ってくるのです。

「え？　それって言っていいことなんですか？」と。

同じことは、ＰＴＡの古紙回収活動のときにも起こります。役所から提出を求められている書類に、何百回も会長のハンコを押さなきゃならない非効率を「別のやり方できませんか？」と役所に電話してみたらとアドバイスした時にも、「いいんですか？」と戸惑いの声が聞かれます。高齢でほとんど参加する人がいない町会接待のための恒例「お月見宴会」を「そろそろもう止めませんか？」と言うべきかどうかという場面でもそうなります。

もちろん「言っていいか悪いか」は、「言ったことで良いことが起こるか否か」と「言うことに許可がいるのか否か」のどちらにもとれます。しかし、私がここで注意を喚起したいのは、善良かつ慎ましいPTA保護者たちがこれらを「許可の問題」と怯えたように躊躇《ちゅうちょ》していることです。「許可」だとちょっと硬い制度の話になりがちですが、ここでは「常識的にはそういうことを言っちゃっていいの？」というところでしょうか。許可を出すのは「世間」ということになります。**非常識と誹《そし》られることを死ぬほど恐れるメンタル**もあります。

「PTAは教育委員会や学校の下部組織だ」と誤解している人たちは、「勝手なこと言っちゃいけない」と思い込んでいます。でも、任意団体であるPTAは自分たちが自由に運営して良いわけですから、「もうあの行事をやめよう」とか、「運動会の日に〝自転車でのご来校は遠慮してください〟と終日立ちん坊で注意喚起する必要はない」と提案するのに、許可が必要なわけがありません。

このように勇気を出して言ってみるという話の中には、こういうそもそもの話がクリアされずに紛れ込んでいることがあるのです。そこを確認してみると、「勇気を出してみる」の中には「もともと勇気を出す必要もない、普通にみんながやっている、あるいはやるべきこと」が前提になっていて、ただそれを知らないだけだったりすることもあるわけです。

何を言うにも、どんな判断をするのにも、まず許可と確認をとらないといけないという習慣が身についてしまっている人は、この社会に大勢います。だから、「もともと許可なんていらないよ」と伝えれば、勇気問題の何割かはもう解決するかもしれません。でも、すべての発言について「ゴーサインが出ないと原則言っちゃヤバいよね」と思う人は必ずいます。

入学して間もない大学一年生が、オンライン講義のなかで私が現政権が取り組もうとしている法案を例に出して、それをややネガティブに評価するような物言いをしたら、リアクション・コメントに「先生が、総理大臣をディスるようなことを言ったので、これっていつ消されちゃうんだろうと思って、びくびくしていました」と書いてきました。この学生は、「コメントは現在の君たちの思考の記録だから自由にのびのびと書いてね」という私のメッセージを最初は理解できません。常に、ものを言うのに許可を求めてきた小中高生活だったからでしょう。この「勇気」の問題は、けっこう根深いのです。

B　言い方を工夫する

言う内容やふるまいのセットについては、次章で詳しく触れますが、ここではとりあえず「言う」をベースに「いろいろな言い方」について確認してみます。

1．毅然と言う

己が正しい、守るべき利益があり、それに理があると思うなら、人はそのことを「毅然とした態度で」言うべきでしょう。後ろ暗いところのない正当な要求や抗議なら、何の斟酌《しんしゃく》もなく堂々とその意思を貫くように振る舞えばいいからです。そこに迷いや負い目がなければ、やり取りも自信をもって始められます。

ただし、これは相手の受け取り方によっては「傲慢だ」とか「切り口上だ」などと捉えられる場合もあります。それゆえ実際にはハードルが高いと思われるかもしれません。でも、「ここは」という場面で胸をちゃんと張っていれば、心が折れることはありません。ここで大切なのは、課題解決だけではなく、へんてこりんな理由で自分が壊れてしまわないようにすることです。それは実にもったいないことですから。

2. 丁寧に言う

毅然とした態度でなくても、「丁寧に」説明するやり方もあります。王道です。大切なものをすっ飛ばすことなく、焦らず、たゆまず、怠らず、です。ただし、丁寧のポイントは「親切だ」ということです。くどくどと自分語りを続けることは、対立して意見の合わない相手にとってはストレスになります。自分の事情を延々と話されても、相手は「自分はどこにいるのか？」と訝《いぶか》りますし、基本的には人間は話を聞いてほしい動物ですから、親切の意味は、「自分のことを気にしてくれている」という気持ちにさせるということです。そこに注意して「丁寧に」言うのです。自分の気持ちにもっぱら繊細となることは繊細とは呼びません。繊細の基準はあくまでも他者の何かに対するものです。そこを間違えると、「くどくどとした自己チュー」という、目指す目標の逆になってしまいます。

3. お願いするように言う

自分の主張を投げる時には、1で触れたように毅然と言うことが大切ですが、その力点は「自分の気持ちをしっかりさせる」というところにありました。ですから、毅然と言うことで相手を防御的にさせてしまうと、せっかく見えた糸口が消えてしまいます。時には、「毅然とした態度に居住まいを正された気がした」などと、ありがたい得心をしてくれる素晴らしい人がいますが、ほとんどの人は相当な条件がそろわないとそうはなりません。

それよりも「心も懐《ふところ》も雄大なあなたなら私の窮状を必ず理解してくださると信じて申し上げますが」をつけた（でも言葉としては省略された）物言いこそ、相手の心の氷を溶かして、事態の改善に貢献するでしょう。注意するべきは、「お願いする」と「泣き言をつけてみじめったらしく哀願する」とを区別することです。哀願されると、「そこまで言うほど自分は傲岸《ごうがん》で冷たい人間なのか」と変な議論が注入されて、話の焦点が拡散します。あくまでも、「賢明なあなたのことですから」というところを失わないように言わねばなりません。

4. 静かに言う

人はトラブルや嫌なやり取りになりそうな時には、焦りと堪《こら》え性《しょう》のスタミナ切れと真剣さがはみ出て、ついつい大きな声を出しがちです。でも、言葉の大きさやトーンと相手の受け止め率は、正比例の関係ではないことが多いです。普通に話す。安定的に話す。でも、ここ一番「わかってね。ここ」というところに来た時には、「静かに話す」ほうが相手に印象を残しやすいというのが、私の経験から得た教訓です。

これは毎日のように学生相手の講義で実験してきましたから、かなり精度の高いものだと思います。大学の講義は九〇分ですから、いろいろと工夫をしながら話さないと、学生の集中力が持ちません。そもそも人間は緩急のない一本調子の話を聞いていると、抵抗できないほどの睡魔に襲われますから（お経！）、ここは肝心というところに来たら、スピードを緩めて「ささやくように」話すのです。

「経済発展や社会制度の進化など、近代化によってもたらされると考えられがちな民主政治なのだけど、（ここから速度を落とす）それなら躍進する経済や軍備によって大国となった旧ソビエトが、どうして自由を犠牲にした抑圧体制となったかは説明不能になるわけなんだよ！（ここは声をひそめる）」

学生の体が一〇センチ前に出るのが見えます。こうして話した部分は、かなりの確率でリアクション・コメントに登場します。印象に残るのです。「ここ大事だぞ！　試験に出るぞぉ！」

と、高校の時教室で教師が大声で強調したところは、だいたいみんなその先の人生に身につきません（もちろん声の大きさだけが原因ではありません）。「私があなたにお伝えしたい一番肝心なことは○○なのですよ」と、ゆっくりと静かにお話ししてみれば、相手の反応のよさに気がつくはずです。コソコソ話は、よく耳を近づけないと聞こえません。それの応用です。

C　目的に重心をかける

前項のような話法を確認した上で、いまひとつ着目していただきたいのは、**自分は今、どういう目的に焦点をあてて相手とやりとりをしているのか**です。やや強めに自覚して話すと、第二次、第三次のやりとりのための有益なデータを得られることもあります。仕事や活動をめぐる対人ストレスは、一回のやりとりでは到底終わりませんが、そうそう継続したくはありません。できれば建設的な着地をして、後腐れのないように早めに前に進みたいのです。そのためには、「今、これはどの段階なのか？」を意識すると、言葉の使い方も変わってきます。

1．ぶつける（目覚めてくれと祈りながら）

どうにも相手がこちらの困っている事情、怒っている理由、これで良いとは思っていない心持ちに、さほどの悪意もなく気がついていないという場合があります。この世のストレスをもたらす他者の九〇%は善人ですから、それゆえに「ぐぬぬ」となることが多いです。

典型的なのは、「まぁ、悪い人じゃないんだけどねぇ」と枕詞がつく人です。これに上席・上司という社会制度の入れ物があると、もう例のやりとりとなります。本人は悪意のかけらもないのですが、だれかのある種の特徴（自分で選択不能だったもの）を褒めたりいじったりして、「その人ではない周囲の人を間接的に貶《おとし》める」ようなことを冗談混じりで言う、昭和サーティーズ、フォーティーズ（前半）のおじさんの残念ぶりです。

「いやぁ、〇〇君、今日はまたバカにべっぴんさんだねぇ」というルッキズム丸出しの発言は、本人からすれば「褒めてるんだから、感謝こそされ、まさか文句を言われる筋合いじゃない」くらいの気持ちですが、それに「部長の俺が」という無自覚の権力意識が被さるので、十重《とえ》二《は》十重《たえ》の迷惑になるのです。さすがにこれに関しては、「ルッキズムはハラスメントです」というはっきりとしたルールによって、歯止めがかかるようになりました。

ルールになるということは、それまでに長い間、そういう無神経な物言いや立ちふるまいに心を削られた人たちが大量にいたことを意味します。その間いろいろな物言いの工夫をしてきた人たちは、「そろそろわかってほしいんですけど」とか「どうしてここに気がついてくれないのか」と、ため息をガスタンク一〇〇杯分くらい溜め込んできたのかもしれません。

そして、ある時にはこう伝えたかもしれません。「自分で努力したり選択したり工夫できないことについて、当てこすられるように触れられますと、とても傷つきます。責任ある立場の部長がそういうところに気を遣ってくださらないと、多くの人たちが気持ちよく仕事ができませんよ」と。一〇〇万の勇気を振り絞ってそう「ぶつけてみた」のだろうと思います。切実な気持ちが積み重なった時には、もう相手の置かれている条件や立場などを斟酌《しんしゃく》することなく、ボールを投げてぶつけて、「目覚めよ」と祈る状態にならざるを得ません。その時の言い方はいろいろですが、とにかくそこには「もうお追従《ついしょう》笑いをするほど心に余裕がないのよ」というバネがかかりますから、ぶつけます。

これもまた、ぶつけた後のことが面倒なのは承知なのですが、身体に変調がくるほどの気持ちを抱えたままやり過ごしても、病気になってしまったら元も子もありません。「起きろ、部長。そして、〝やれやれ〟と思いながらも面倒だからとお追従笑いをしているまわりの男女たち。自分はぶつけたぞ。メッセージを受けてくれ」と念じてぶつけます。

2. 示唆する（気づいてくれと祈りながら）

雨が降っても、槍が降っても、太陽が西から昇っても、価値観が変わらないだろうという人がいます。己の価値観こそが今日を築き上げたのだと自己完結的に「上手くいっている今」から逆算して、そこに至っていない部下や年下の人間を見下して、「そんなだからダメなんだよ」と勘違いをしている人もいます。そういう人たちには「ぶつける」は悪手になります。公然と自分の価値観に挑戦してきていると警戒してディフェンスを固めてしまい、これまた社会制度（上下関係）というリソースを使って、ねじ伏せてくるからです。

でも力ずくで圧をかけること自体を喜びとするようなサディスティックに見える表情の裏側には、素朴な自己承認欲求が見え隠れしていたりもします。発する言葉は銃弾のようですが、実は「自分の話を聞いてほしい」という思いの表現かもしれません。ただ、そのことに無自覚なのです。

こういう人は、前項の上司とは異なり、もうこちらとしても「基本的には期待ゼロ」で向かい合うしかありません。賢明な上席ならば、「メンバー一人ひとりが持つ最良の力をどうしたら最大に引き出せるだろう」という問いの一つも持っていますから、ある契機がくればきちんと反応してくれるかもしれません。でも、「俺はこれでやってきたんだ」と自分を合理化している人、そうしないと自分が崩れてしまうくらい実は脆弱な人間だということに気が付かない人に、何かをわかってもらうことは本当に大変です。誤りを認めると自分が崩壊すると思っているからです。

だからできるのは「ぶつける」ではなく、「そこはかとなく気づきを促す」くらいです。「それは明らかに不当です。お控えください」ではなく、「それではあなたを慕う者たちの立つ瀬がなく、あなたへの恩返しや献身をする力を発揮できないように思いますが」などと、基本は立場を認めつつ、「こうすればもっと良いことが起こると思いますよ」と示唆するくらいです。

ものすごく譲っています、ほとんど無理をしています。でも、**「威張っている人は弱い人だ」**

という珠玉の常識に照らしてみればどうでしょうか。

「立場や地位を守るのに懸命なのですね。お気の毒です。そりゃその実力じゃ家賃が高いでしょうね（力と地位が釣り合っていない）。でもね、私たちはあなたをクビにする権限がないのですよ。だから祈ります。あなたの何が、どこが人々のモラール（士気）を下げているのかを優しく当て擦りますから、どうか気づいてください。後生ですから」

これは、基本は「お労《いたわ》しい」という気持ちです。卑屈になっているのではありません。「あんたも大変なんだろうけど、そこんところに気づいてくれさえすれば、いろいろ協力してあげてもいいんだよ。頼むよ」といったニュアンスです。

少々偉そうですが、でも元々相手にせざるをえないのは「偉くないのに偉いということになっている」という変なゲームですし、こちらはそこを生きていかなければならないのですから、それくらいはいいのです。理不尽の前で卑屈になると、錐揉《きりも》みしながらもっと下に落ちていきますから。オレたち・ワタシたちなしでやれるもんならやってみろ、くらいです、本音は。

3．頼りにする（良い気持ちになってくれと祈りながら）

「人は自分の話を聞いてほしいと思っている」、「威張っている人は弱い人」に加えて、**「人は**

誰しも自分を認めて肯定してもらいたい」という別の鋼のような原則を思い返せば、ここでの目的ははっきりしてきます。もう少し直球で言いますと、人は「このことはあなたにしかできない。あなたは取り替えがきかない人なのです」と言われてこそ、人生を胸張って歩いていける根拠となります。基本にこの気持ちを持って相手と向かい合った時、さまざまな言葉が湧き出てくるかもしれません。

「おだてる」と言ってしまえば身も蓋もありませんが、ストレスを感じ、憎しみや不愉快な感情が心を占めている時には、相手の嫌なところが増幅されてしまいます。ですから、やはり言語によって自分を縛りつけているものを確認して、それを意図的に言い換えすることで、呪いの言葉から解放され、同時に良い言霊《ことだま》の力を得られます。


「心が狭くて思いやりがない」→「生真面目過ぎて余裕がなくなっている」

「自己チューで勝手気ままだ」→「自由で人の顔色を窺うところがない」

「自慢話がねちっこくウザい」→「心根に不動の自信がなく脆弱だ」

「トンチンカンで〝そこじゃない！〟と突っ込みたくなるようなことばかり言ったりやったりする」→「天然系だから誰も言いたがらないことをスパンと言える可能性を秘めている」

「陰口や噂ばかりしていてムカつく」→「どうせ平場では何かを言う胆力はないのだから、こちらに有利な噂をこっそり教えてあげて拡散してもらおう」エトセトラ。

「生真面目が過ぎて余裕がなくなっている」と言い換えができたら、あくまでもポジティブな気持ちになってもらうことを念頭に、「こんなに多忙でバタバタしている最中に、本当によくやってくださって、ありがとうございます。でも、ここは取り替えの効かないお仕事ですから、みんなを助けてくださいと言いましょう。

「自由で人の顔色を窺うところがない」と脳内転換できたら、今度は「縦横無尽のご活躍で、みなさんが活性化していますよ。そういうのびのびとしたやり方を、ぜひ他の人にも伝えていただけますか」なんて言って、ちょっとはいい気持ちになってもらいましょう。

「心根に不動の自信がなく脆弱だ」と言い換えられたら、もう対抗や敵対ではなく、「福祉の心」と腹を括って、「ご立派ですね。なかなかそうはいかないものですよ。たくさんの方々のご尽力を得られる徳をお持ちなんですなぁ」と、若干のチャーミングな嫌味を入れて褒めましょう。「みんな自分のすごさをわかってくれていない！」とイライラされるより一〇〇倍も「問題→課題」への転換にとって良い環境となります。

天然系の人は、「それ言わないことになってる」ということを、ポンと言ってくれることがあります。もちろんリスキーです。それを言っちゃって大変なことになって、後処理でみんなが疲弊することもあります。そもそも、ストレスやトラブルの源になっている天然系の人は、基本的には無敵なのです。でも、なんとかしようと思ったら、「トンチンカン」というネガティブ・ワードではなく、「細かいことに頓着しない大雑把人だから、本筋だけ外さないようウォッチングしておけばいい」と、課題は整理されます。

陰口人対応は一つだけです。何を言ってもこの癖は治りませんから、そこを思いっきり活用させていただくだけです。大好物（噂）を与えてあげれば、すぐにいい気持ちになってくれて、「またいろいろわかったら情報出すね」なんて、実にありがたいことを言ってくれます。もちろん、この人たちとのやりとりはきちんと記録にとります（ここ大事）。政治学では、やはりこういうやり方も「シンボル（象徴）操作」と括るでしょう。

相手を頼りにしている、肯定する、良い気持ちになってもらうために、言葉のやりとりで一番基本となるのは、いわゆる「傾聴」と言われるやり方です。傾聴にはいくつかの技法がありますが、大切なのは二つです。それは、**相手の言葉をオウム返しにして繰り返す**こと、そして**相手の話を遮らず、話し続けさせること**です。自分の言葉を同じように復唱してくれることで、話し手は自分が基本的に肯定されているという気持ちをもてますし、話し続けられることで自分のなかに良いドライブ感が生まれてきます。

NHK連続テレビ小説『虎に翼』（二〇二四年）で、碩学の穂高先生は男尊女卑の一九三〇年代において、主人公の寅子に「言いたいことを言いなさい」と導き、話し続けることに躊躇する寅子に「続けなさい」と促しました。女性弁護士を目指す寅子は、その後母親とのやりとりの中で、「穂高先生は、私の話を一度も遮らなかった」と思い返し、先生に基本の信頼と肯定感を示してもらえたことを自分のエネルギーにしていました。

自分は、学生のおぼつかない言葉に業を煮やして、何度彼らの言葉を寸断して介入したかと天を仰ぎました。教員の仕事は「傾聴することだ」と、そこに到達するまで実に長い時間がかかりました。教えません、聴くのです。

4．探り尋ねる（次の準備としての情報収集）

問題が二層、三層になっていて、腰を据えた中長期的な対応が必要な時には、一足飛びに解決に向けたやりとりは非常にリスキーです。起こっていることは単純に見えても、そのプロセスは複雑で、善悪や正邪では整理できないことも多いからです。そんな時に大切なのは、起きていることの解像度を上げて、もっと情報収集をすることです。

このために重要なのは、前項の「傾聴」であることは間違いありません。人は聴いてほしいのですから、「はぁはぁ、うんうん」と聴きます。途切れたら「なるほど。それで？」と促して、とにかく相手が疲れてくるまでお話ししてもらいます。

そして適度に、「〇〇についてはいかがですか？」、「はぁ、そのようにお考えになったのはどうしてなんでしょうか？」、「なるほど、それならそうおっしゃる以外ありませんね。わかります。その時の心持ちはいかがでしたか？」と「追い」お尋ねを重ねます。相手がどういう事情で、そう考え、行動したのかを推論するデータを増やせます。政治学的にいえば、「政治アクターの行動原理の探究」と「行動のための環境及び心理的諸要因データ渉猟」です。

この傾聴・お尋ね作戦の良いところは、事態の改善の基盤、すなわち「相手からの信頼」と「相手の不要な警戒心の解除」を得られることです。己の利益関心は常夜燈のように灯し、多少遠回りな気がしても、とにかく聴く。聴いて、聴いて、聴き倒すのです。人は話し続ける中で、「自分の言葉が自分を縛りつけていたのかもしれない」という境地に至ります。言語とは、己の意思を表現するものと決めつけてはいけません。喋っている人は、同時に自分の話のリスナーでもあるのです。だから自分の言葉を「擬似観客」的に聴き続けることで、己の吐いた言葉のもつ力に自身が影響を受けます。

言語化とは、心のモヤモヤを形にするのではなく（もちろんその部分もありますが）、己の心の温度や圧力を低下させ、沈静化させ、より身体と正確に向かい合わせるという効能があるのです。「いっぱい聴いてくれてありがとう。なんだか、話してみたら、あの人にも良いところがいっぱいあって、あたしもなんだか意固地になってたってわかった。晩御飯のときに〝ごめんなさいね〟なんてところからやり直してみる」なんて、夫婦喧嘩の愚痴を言いに来た友達が帰り際に言っています。

夫婦や恋人同士のやりとりは、言っている内容は「自分が正しい（あなたが悪い）」であったり、「なぜそこを理解しないのか？」という主張や要求であっても、本当にそれを伝えるのが目的かどうかは聴いてみないとわからないこともあります。言葉に重しがかかって、例えば「誠意」なんていう、場合によってはお互いを追い詰め合うような言葉に強く反応してしまうと、相手がどうしてこんなに執拗にものを言っているのかを見誤ったりします。傾聴を続けていったら、じつは問題は正邪ではなく、「たくさん話を聞いてもらいたかったのに！」であったりするものです。ビッグワードに引きずられると、それを見逃します。でも丁寧に尋ね続けると、相手の脳内イメージと言葉の関係がつながることもあるのです。

政治とは、言葉とイメージと身体の交差する複雑な力学です。人は他者の身体イメージに喚起されて己の身体も動かし、それは他者の言葉をも喚起させます。そこで生まれた言語が各々の過去の世界や身体のイメージを呼び起こし、そこから奇跡のような言葉がこぼれ落ち、なおも他者の身体とイメージに影響を与えます。

目的に重点を置いて話してみるというのは、そうした「言葉と身体とイメージの束」を整理して、最も優先順位の高いもののあたりをつけるということです。小さくて弱くてワガママで迂闊な人間は、人間同士のやりとりから生まれる関係の綻びを修正するのに、いきなり利益の調停などという高度なことはできません。なんとか言葉を紡いで、さまざまに垣間見られる言葉とイメージの濃淡を見定めて、「問題」を「課題」に落とし込むすじみちを描いてみるのです。

D　**沈黙してみる**（裏技）

「言えるなら可能なかぎり言ってみる」という話の最後は、なんと「黙る」です。黙るんだったら、「言える」の話とは別のカテゴリーじゃないかと思った皆さん、この節のタイトルを読み直してみてください。「沈黙する」ではなく**「沈黙してみる」**です。この違いをおわかりでしょうか？「言えない」のではありません。わざわざ沈黙してみせるのです。

神（人智の及ばないもの）が創った秩序の枠の中で慎ましく生きるというのが近代以前の人生でしたから、人間が意図的に秩序をつくるなどということはおこがましいことでありました。例えば、キリスト教世界では「神の代理人」としての教会が、人間の生きる秩序を管理していました。

一六世紀初頭のイタリア地方フィレンツェの外交官ニッコロ・マキャベッリは、この中世的秩序観をひっくり返して、「世界の秩序は、人間がきちんと観察をして、工夫をして、意図的に作り変えるものである」と宣言しました。近代政治学の誕生です。「そういうことになってるから」と、誰がそうさせているのかを問わないまま（天の声）黙従するのではなく、「ある者の意図でこうなっている以上、工夫して、今できることをやる」と考える人たちによる、主体的かつ自覚的な「政治秩序の構築」です。大学の教室では、**「作為としての政治」**という言葉で伝えます。

神への畏敬の念のため「黙って祈る」のではありません。「ここは、黙った方が事態を制御する主導権を得られるだろう」と考えて、あえて作為的に「不作為（黙る）」を選ぶのです。話せば話すほど状況は不利になっていくと感じたら、自分に正直に生きている場合ではありません。相手に好き勝手をさせないために、工夫が必要なのです。

冷蔵庫などの家電製品が壊れてしまって、保証期間も過ぎているので新品交換もできないことがあります。原発は言うまでもなく、すべての機械は故障しますから、そうなったら仕方がないと覚悟をして私たちは大枚をはたいて商品を買います。でも、けっこうなお金をとって自信たっぷりの宣伝をしていた洗濯機が、保証切れ後三カ月くらいで黒いゴミが出る症状が治らないとするなら、「保証切れてるし」ではモヤモヤは収まりません。お客様センターに電話がつながるのに、七分も「お待ちください オルゴール」を聞かされて、イライラ度も右肩上がりです。

相談係の人は、マニュアル通りに対応しますから、こちらは洗濯機と心の両方が壊れたことを伝えたいのに、保証システムのルール・ベースだけで対応してきます。するとこちらの「なんで高い金出して買ったものがこんなに早くトラブルんだよ」というはみ出る気持ちへの配慮が足りなくなり、お互いに疲れてくると「これ以上の対応はできかねますが」と、どん詰まりが近づいてきます。どうすればよいでしょうか？

感情を乱して大声になり、「消費者は王様だ」という品のない地金が出てきてしまうと、相手の「規則からほんの少しだけはみ出る親切心」の芽を摘んでしまいますから、グッと堪えて裏技を出すことになります。

「保証期間は過ぎてるから、もう別途修理扱いで四万円かかるんですね。でも、おたくの商品を信頼して買いましたし、使い方も丁寧だったと思います。だからもう電話を修理センターにかけ直してもいいのですが、でも納得できません」と言うと、コールセンターは「大変申し訳ございません。私どもとしましても、規則通りにご対応させていただいておりますので」と、同じことをもう五回も言っています。だから、あえて、作為的に「黙る」ことにするのです。

「そうですかぁ……。困ります……（以後沈黙を守る）」と。

相手は戸惑って「ご理解いただけましたでしょうか？」と聞いてきます。でもこちらは「うーん」と黙り続けます。これが数分続くと、不安になった応対者は「少々お待ちください。ただいま上席に相談して参ります」と、突破口を開いてくれます。ここまでどれだけ根比べにたえられるかがポイントです。実際にやってみると、こちらも人の子で、これをやり続けると、ストレスフルな仕事をしているコールセンターの人たちに「ちょっと可哀想かも」という気持ちが芽生えてきてしまいます。

電話が代わって上席が説明を始めますが、言うことは基本的に同じです。前者よりもやや物言いが慇懃無礼になるだけです。それを確認したら、もうワンランク上の胆力を動員して、やっぱり「黙る」のです。「それはもう、一〇回ぐらいお聞きしました。でもやっぱり納得できません。困りますぅ……」とまたしばらく沈黙します。

それから数分後に、私の経験ではかなりの確率で「……わかりました。お客様のお気持ちもごもっともという面もございます。私どもの商品を買ってくださり、こんなことになって、私どもも大変残念な気持ちです。もしよろしければ、保証書のお名前とご住所だけ確認されて、郵送いただけますでしょうか？　今回は、特別の措置として〃保証期間内〃として社内処理をさせていただきます。それでよろしいでしょうか？　ただ、最低コストとして五〇〇〇円だけ頂戴いたします。ご理解いただけますでしょうか？」となります。

この後が肝心です。「ああ、それは大変助かります。ありがとうございます。どうしようと途方に暮れていましたから、本当に嬉しいです。保証書を送らせていただきます」と、「威張らない」「余計なことを言わない」「あなたのおかげですと伝える」の三つを守って電話を切ります。

文句を言ってくる人にはメーカーもいくつかの対応を用意していますし、懇願されても簡単には埒は明きません。法的措置をとるぞと言う人には代理人を用意します。でも、「ひたすら『困ります』と黙り込む」人への対応は意外にできないのです。いきなり電話を切るわけにはいきません。ルールを繰り返し示しても、相手は心を動かさないこともわかっています。あらゆるコスト計算をした時、「この案件に数時間を要するくらいなら、職業権限の範囲内で流れる事務処理にするほうが自分も現場も疲弊しないで済む」と判断すれば、メーカー側の課題解決となります。

もちろん、私は相手を困らせるためにこんな事例を上げたのではありません。しかも、昨今は弱い、機械の操作に長けていない消費者に、大メーカーが木で鼻を括ったような対応するというよりも、お客は神様とばかりに無理難題をぶつけて、逆に企業の窓口で働く人たちへの「カスハラ」が問題になっています。ですから、この逆のパターンも想定は可能です（お客様苦情係が「ダンマリ作戦」というのは相当な技量を要します）。

あくまでも私は政治学者ですから、「ルール」という不動の何かを、「運用」という具体的人間の現実対応とセットで考えて、**こちらもあちらもそういうリアルな力学を前提に、自己の利益関心を最大にすることを考えるはずだと状況判断をして、その中で己のアクションを決めていく「作為としての政治」**の例を、日常の中から抽出しただけです。

私たちは、正義、道義ベースでものを考えるところに閉じこもっていると、せっかく「まぁ、話せる相手かな」と思える状況でも、せっかく持っている有用な言葉が機能しません。同時に「あえて言葉を出さない」という政治力学にも気が付きません。

この「黙る」は、絶賛オススメ技法というわけでもありません。起こる出来事ごとにニュアンスも異なり、このやり方が事態を暗礁に乗り上げさせる可能性もあります。でも、私はここで「話す方法にもいろいろあります」という話の中に、「そこはあえて話さない」というものも含まれていますよとお伝えした次第です。

本章も、言葉とそのステージについて、できるだけイマジネーションを広げてもらう目的で書いています。続いて次章では「ふるまいも含めると、もっとやり方がありますよ」というお話をしていきたいと思います。

理論編
第3章

「やる」ための技法

「言う」だけでなく「ふるまい」もある

第1章で「そうそう言えない理由」について考え切り分けた後、第2章で「それでも言えそうな時はどう言うか」、そして「どんな立ち位置を決めて言うか」を考えました。第3章は、「言う」以外の方法、つまり「ふるまいのバリエーション」について考えてみようと思います。この章もいちおう「理論編」ですから、地図に描かれている山の稜線ぐらいに考えて、皆さんの脳内で現実に落とし込んだり、妄想へと発展させたりするきっかけにしてほしいと思います。

この章でみなさんにお伝えしたいポイントは、**「言えたらそこで終わり」ではなく、「言いもするし、それ以外もやってみて、世界をちょっとでも変える技法を考えよう」**です。この「それ以外もやってみて」を大切だと考える理由については、第1章でも少し触れました。

私はそこで「そこそこの教育を受けた人は、ちゃんとモノを言う責務がある」と、かつてはもっぱら考えていたと言いました。しかし、本当に一部の人だけが特権的に高等教育を受けられた時代を経て、豊かな戦後社会は「教育を受けた人」の意味が変容し、なおかつ高度情報化社会の到来によって、モノを言うという行為の意味づけが変わってしまいました。そのため「言えるのに言わないのは怠惰か無関心だ」という批判が、条件がそろえばちゃんと主張できる人たちの心を閉ざさせてしまうという、未着手の問題点に気がつきました。

「言えない理由」のより今日的事情を把握しなければ、「それでも言うための技法」をみなさんと共有できないと思ったのです。そこを放置すると「言って、それに加えていろいろやってみる」ことを呼びかける理由もわかりませんし、そのままでは「言えない人のための政治学」にならないのです。この転換点が大事です。

だから、言って終わりにしないことの大切さを、もう少し説明しなければなりません。「言った。言い抜いた」という姿を見聞きしても、日々の暮らしの中で「言えずにモヤモヤしている」人の背中は必ずしも押されません。主張することの価値、とりわけ「みんなが直面すること」について主張することは大切なのだと多くの人に思ってもらうには、広く大きな基盤と別のやり方が必要なのです。

このことを補うのが、第1章よりもう少し時の流れを広げた話です。それは「正しい主張を受け止める側」あるいは「正論を共有する側」の今をスケッチすることです。「正論を言って世界を変える」ことが重みを持っていた時代には、どのような条件があって、それが今どのように変わってしまったかという話です。

主張できることが貴重だった過去

とにかくそれまでの眠ったような封建的世界（「身分」が人生を決定する世の中）から脱して、一人ひとりの人間が個人として重んじられる社会をつくるために、長きにわたって一生懸命「言い」「叫び」「主張し」「糾弾し」「訴え」「総括し」「自己批判し」「戦って」きた先人たちがいます。その岩をも砕く意志、その戦いのさきがけと継続を無駄にしないために、そこから受け取ったものを今を生きる人々の生活言語へと書き換えねばなりません。今日、先人たちの言葉は、そのままでは届きにくくなっているからです。

先人たちが戦った時代に、彼らの言葉はじわりじわりと熱伝導をして、それぞれの時代の震動となったことは間違いありません。世界が差別と貧困と抑圧と理不尽に覆い尽くされていた時代には、「すべての者たちにパン（食料）を！」と叫び、「万人に投票の権利を！」と呼びかけ、「女性を法律上の無能力者とする民法は撤廃せよ！」と主張することは、「ここに正論がある！」と喚起した意味で、それ自体が有意義なことでした。そんなことを声帯を震わせ、ペンを走らせて主張した人など稀有だったからです。

貧富の格差は自然の摂理で、体力も知力もない女性が公共的問題に関心など持つ理由はなく、そんな無力な者たちが法律上の権利を行使できるはずがない、というのが強者（権力者、富者、男性）たちの認識でした。

　だからそれに対する「違います。理詰めできちんと考えてください。現実をちゃんと見てください！」という叫びは、「そんなことを口にするなど人生でただの一度も考えたことがない弱者たち」がほとんどだった時代には、暗い洞窟に光が差し込むようなことでした。「啓蒙（enlightenment）」という言葉の意味がここにあります。エンライトの「ライト」は、光のことです。

　つまり**正しいことを誰も言えなかった時代に、「言ったこと」がグレートだった**のです。そして、先行者の勇気と尽力のおかげがあって、我々はちゃんとものを言う自由がかろうじてある社会を生きられています（かろうじてです）。

　私たちの社会の文脈でいえば、物事を合理で考え、個々の人間の尊厳を守り、自由に社会を創造することを言葉で保障した日本国憲法の誕生こそ、「言える」世界の礎です。これは、誰が憲法草案をつくったか、どのような経緯で成文化されたのかといった話とは別次元です。国境を超えて普遍的価値をもつ、世界標準の人間の権利を守るための言葉集です。だから、世界に近代憲法があることの大切さは、これからも「言い」続けねばなりません。

「私たちの物語」が成立していた時代

正しいと思うことは、どんな時代においても言い続けねばなりません。もちろん今もです。しかし「すべての人間に自由を！」という正論は、今この現実を生きている人たちにとっては、掛け声としても、生活の内実にリーチするという意味でも、あまりピンときません。実感が伴わないからです。

「日本国憲法を守ろう！」も「九条護憲！」も「自主憲法制定！」も、冗談のような「お試し改憲！」も、みな生活に浸透せず、各々のキャンプ（陣営）が各々の正論を言っておしまいにしていると受け取られています。もちろん、こうした議論の中身について、言論人たちと一部の政治家は、長年議論を積み重ねてきてはいます。でも、**生活する人にはなかなか伝わっていません。**

しかも第1章でも触れたように、「教育を受けた者たち」の位置づけがかつてとはズレてしまった今日は、「正しさ」を判断する価値観が錯綜してしまっていて、それを統合するものがありません。通常、価値観を統合してくれるのは「大きな出来事」です。

大多数の人々が共有する歴史的イベント（戦争や全国民を巻き込むような災害といったハードシップ）が共有されにくく、それゆえに「心を一つにするための物語」が継続しづらい二一世紀の日本社会では、「正論を主張すること」は人々の心を寄り添わせる力としてあまり機能しません。

「ありゃ本当に酷かった」とか「連中のせいでみんながどれだけ苦しいことになったか」、あるいは「あの時は、みんなが心を寄せてお祝いした」という切実な記憶と思い出と経験が共有されている時、悪しき世界を正す言葉は「本当にそうだよね」と心に届きます。

兵隊さんと民間人合わせて、日本人ではあの戦争で三一〇万もの人が亡くなりました。一人の死が家族や親戚や友人にもたらす悲しみの数を換算すると、日本人のほとんどの人たちが何らかの形であの戦争で辛い思いをしました。それに耐えきれなくて、戦争が終わった後の人生も台無しになってしまった人たちも合わせると、「どうしてあんなことになったのか」、「何が問題であんなことになったのか」、「どうすればあんな酷いことにならないのか」が、戦争が終わった後みんなの頭をよぎるのは当たり前だったのです。そこに共通の「私たちの物語」が成立する基盤があったということです。

個人へとミクロ化する「言う」という行為

しかし、こんなことを書いている私ですら、あの戦争が終わって一七年後に生まれたわけで、幸いにして戦後経済復興と高度成長の恩恵を受け、「食べ物を探して焼け跡の闇市を不良仲間とうろついて、生きるためならどんなことでもした」などという経験を共有していません。もちろん、親や祖父祖母の世代は生きていましたし、自分の親もまだ存命ですから、「あのみんなで共有した歴史経験」は言葉とともに継承しています。

だからその都度「正しいと思うことはきちんと声にしなければ、国家エリートや頭に血が上った人たちの強い圧力に負けて、またぞろ失敗と過ちの歴史を繰り返すかもしれない」という気持ちを根拠に、「言わなければならない」という気持ちを引き継いでいるわけです。

でも、朝鮮戦争と湾岸戦争の順番も怪しい若い世代には、「正しいと思うことをちゃんと言わねばならない」という切迫した気持ちはわからないと思います。いえ、正確に言い換えましょう。そういう切迫した気持ちをもたらす出来事が、より半径の狭い世界で起こっているために、正論は「人それぞれの正論」となりやすく、「四〇〇〇人もの若者を戦艦に自爆攻撃させる(特攻隊)戦争指導は完全に間違ったものだった」というような、おおよそほとんどの人たちが反論しない正論の基盤が薄く弱くなってしまっているのです。

では、今を生きる人たちが共有する正義、正しさは本当に皆無であるかといえば、そんなことがあるはずがありません。なぜならば、人間が直面する不条理や悪と、生産した物の適正配分の困難さは、二一世紀の世の中で消滅するどころか、ますます切実な問題となっているからです。人類は、大規模に人間を殺傷する戦争を根絶できていませんし、個々人の自由を損なうことなく格差社会を根本から解決したことが未だにありません。しかもそれは、他の新しい問題とクロスし重複しながら、情報化社会にさらされる個人にのしかかってきます。

かつては一切深刻な問題と見なされなかった「学校への行きづらさ」とか、身体条件と性自認のギャップをめぐる悩み、それへの社会の無理解、少子化がもたらす未来への悲観的観測、グローバリズムに蹂躙《じゅうりん》された青年期の経済基盤の破綻、ヤングケアラーの誕生、男女の賃金格差など、「各々の人々が対峙する局面でのできごと」は、もはや「国民の物語」という大きな話として紡がれません。

つまり、**私たちは私たちの暮らしと生活の中で、徹底的に微分化された「小さな物語」の中で、各々の不条理とモヤモヤに潰されそうになっているということです。**この世の不条理、不正義、納得のいかないこと、そういうものを「切実なものとして生活意識に落とし込む」やり方が、変わってしまったということです。だからもはや「声を上げるだけで素晴らしい」というかつての偉業と、偉業を伝える言葉、偉業をなぞるやり方は、個々の小世界でモヤモヤする人々には響かないのです。

大変長い事情説明となりましたが、これが「主張したらそれで終わりにするのではなく、それ以外にもいろいろやってみる必要がある」理由です。大仰なものの言い方になっているのは、「主張できるのは偉い」時代の香りと、「さまざまな事情でいろいろ言えない」時代の両方を私が幸運（不運？）にも生きているからです。そこをつなげて、何が折り合えないのか、何がズレているのかを考えねばならないのに、それを放置して「誰も何も言わない。もう日本の民主主義は終わりだ」と匙を投げるおじさんやおばさんがたくさんいます。

でも、そういう人たちにも死ぬまでもう少しだけこの社会のお役に立ってほしいため、私はここを必死で埋めているつもりです。**「意識が低い」と切り捨てずに、「今を生きる人たちの条件を慎重に考えながらものを言い、それに加えていろいろやってみる知恵を共有する」方向に持っていきたい**のです。

この後は、「いろいろやってみる」を、日々の言葉に置き換えて、可能な限り整理分類して示します。そうしてみることで、読者のみなさんのマップとなり、自分の今立っている地平がもうすこしはっきりしてくるかもしれません。とにかく「言って終わりにしない」です。

ふるまいの技法もたくさんある

トラブルやストレスに直面し、なんとかせねばと思う時に、各々の条件に応じて私たちは「これぐらいならば解決したと思えるような希望的着地点」をぼんやりと考えています。もちろん、そんな余裕はなく目の前に起こっていることをなんとかしたいと思っているかもしれません。ですから、この理論編は、一呼吸つける時にしか頭の中に入ってこないかもしれません。それでも良いです。じっくりと確実に、起きていることに向かい合うために参考にしてください。

トラブルの解決は、必ずしも「勝負」という二分法で考えれば良いというものではありません。勝って相手を叩きのめしたことで、終わらない戦いの狼煙《のろし》を上げることになれば、もう無間地獄への招待となってしまうからです。だから勝ち負けではありません。でも、話を整理するためには便宜的にものごとを段階に分けて考えることが必要なので、あくまでもそのために「勝つ」「負ける」というグルーピングをしてみます。

A　勝つ

ストレスや迷惑をもたらしてくる事態・人には、なんとか言いなりにならずに勝ちたいと思うものです。弱いところを見せたら、そこにつけ込んでくる人も多いからです。しかし勝つだけでは、やるべきことを切り分けて考えるところにいきなり到達できません。先にも触れたように、「叩きのめした結果リベンジ合戦になる」場合もあるからです。だから、正確にいえば、明らかに勝てるという場合とは別に、表面上はともかく、実質勝ったようなものにしてしまう知恵が必要です。

1．対処可能な範囲に収める

「勝つ」をパラフレーズ（言い換え）してみましょう。「勝つ」には複数のイメージが含まれています。相手を立ち上がれないくらいやっつけるのではなく、要するに「相手を自分のコントロール下に置く」ということです。コントロールという言葉は、生活者にしてみれば「洗脳して言いなりにさせる」という、ちょっと怖いイメージをもたらすかもしれませんから、穏やかに言い換えれば、**自分が対処できる範囲を越えないように相手や状況に工夫を加えておく**くらいの意味です。状況や相手は変わりうるものですから、多少の幅でこちらの予想を超えることをやってくるのは当然です。でも、「このくらいは想定しておこう」と準備すれば、のちのち活力や知恵を無駄なく使うことができます。

このための工夫は、問題や課題の建てつけを変えてしまうことです。例えば妻に先立たれた老人が、己の衰えを直視せず、やたらと勇ましいことを言ったりやったりすることがあります。自宅内で転んで肋骨を折ってしまい、「どうして転んだか覚えていない」などゾッとすることを言うくせに、こちらの気も知らず「寒くてかなわん。石油ストーブを使う」など、もっとゾッとするようなことを言います。本人は無意識に人生終盤のバタバタをやっているのですが、火災だけは絶対に避けたいので、使わないよう説得する必要があります。

この人に「あなたはもはや石油ストーブを安全に管理できる能力が衰退しているのです」と理解させるという課題設定は現実的ではありません。「オレはそこまで衰えてはいないぞ」という怒りに油を注ぎ、「お前たちとはもう縁を切る」などと面倒なことを言い始めます。簡単には縁が切れないからこっちだって困っているのに。

老いた人間にそれを自覚させるのは簡単なことではありません。それを認めるのも気力と体力が最低限残っていなければならないのに、高齢もあるレベルを超えるとそれすらなく、精神年齢は推定一〇歳以下となり、そういう人を見守り続けるこちらの気力も体力も枯渇しつつあるからです。

必要なのは「わからせる」ことではなく、**議論をすり替える**ことです。焦点となっている「安全にストーブを使うには？」という課題は全部忘れて「家でストーブを使わずに快適に過ごしてもらうためには？」と問いを立て直します。すると、相続の税金を考慮し、家を売却して残った現金をすべて使い尽くして、人間の尊厳を守れる安全で安心の住居空間をどのように確保できるだろうかと議論が前に進みます。

「残った財産は全部あなたの甲斐性のおかげですから、好きなように使ってください。そういう余生を堪能するのに適した施設があります」と提案してみるとします。すると、「もともとあの家は母さんが言い出して無理をして買ったのだ。ワシには強い思い入れがあるわけじゃない」などと妙に素直になり、めでたく転居となり、最期を見守る者たちは、「基本的にどんなことが起こっても、施設が提供するサービスによって、我々の想像力の範囲を越える事態とはならない」と思えます。

わからんちん（こちらから見れば）な人に道理を説くという、地球の地軸を変えるみたいなことは、そのままでは「課題」になりません。ですから、すり替えて、話のフレームを変えて、提案して、着地してもらうことで制御下に置きます。そして「高齢にもかかわらず、なおも人生における獰猛な意欲を持ち続けるあなたにはすっかり負けました」と頭をさげて、勝てば良いのです。

2．仲間にしてしまう

勝つ、負けるではなくて、「仲間にしてしまう」ことで勝つという極めて重要な技法もあります。詳しくは、この後のCの1「仲間をつくる」で触れますが、ここでは「勝つ」の類型ですから、言い換えると「叩く相手をつくらず力を転換させる」でしょうか。理想はそうなることですが、その途中でも十分事態を改善させるヒントを見出せます。勝負となっている図式を「協力」にリフレームするわけですから、失うものは相対的に減少していきます。

一口に協力するといっても、人間の協力の基本関係はいろいろあります。日常的に私たちは、「○○するのにMさんに随分協力してもらったな」などと言ったり、「ここは是非とも先生のご協力が必要なのです」とお願いしたり、やり方は多様です。協力とは「力合わせ」ですが、一方的な関係だと「言うことを聞かせる」になります。これは政治学では**「統治」**です。権力を通じて、相手の行為を指定することになります。

次が、何かを交換し合う、すなわち**「トレーディング（取引）」**です。そして、それと間違われがちですが少し異なる、互いに与え合う、**「互恵」**です。お互いに等価交換というところをあまり考えずに「与え、恵み合う」ことです。人が人に協力してしまう理由には「魅了されて」というものもあります。**威信やカリスマ**がある人は、人々を魅了して協力を取りつけます。そして、**「協働（cooperation）」**です。これは、各々が利益を得ることが可能な共有目標を設定することで得られる「合力」です。

権力がもうある、取引する素材もある、相手とお互いに与え合う気持ちがある、なぜか生まれついてのチャーム（魅力）が備わっているということなら、もうそれは課題解決のリソースが備わっているということになります。やはり勝つための条件がそろっているのなら、考えるべきは「協力」でしょう。これは、「お互いに勝者になる」という勝ち方です。その結果、「あなたと私は目標が重なっていますね」と納得させることができれば、これは実質「勝ち」です。

古典的かつ典型的なやり方は、ともにきちんと対抗せねばならない共通の対象を設定することです。「私はあなたによって、ひどく惨めで理不尽な目に遭わされています！」と、批判や攻撃してくる人に手を焼いているならば、怒るべき相手は別にいますよと示唆します。

「あなたのモヤモヤや煮えたぎる怒りの素になっているのは私ではなくて、問題行動の多いあの上席じゃないですか？　そもそもあなたが感じる理不尽や納得のいかない扱いは、私も同じように受けたことがありますし、話を聞けば聞くほど、その不満は至極当然ですよ。もしあなたさえ良ければ、ここでの文句のウィスパーを、協力してヴォイスにしましょうよ！」と、相手への理解を示すことが大切です。

理不尽な目に遭っていることをどのように改善するか、その着地点までは協力関係の設定次第ですから、完全に一致することはないかもしれません。でも少なくとも、その人はあなたへの批判や攻撃のトーンを必ず変えてくれるでしょう。これは、相互の不満の共有ですから、そのままではお互いに幸福には一足飛びに行かれませんが、こうやって仲間に引き入れることで態勢を立て直す余裕をつくれるかもしれません。

この「協力する」のヴァリエーションは多岐にわたってありますが、それは後で触れます。

B　勝たないが負けない

前項と連続していますが、少し角度を変えて説明してみます。前項は、勝つといっても表面上に明白なものはなく、実質「勝ったも同然」というものでした。そうなればいいのですが、これはこれでかなりの諸条件がそろっていないとうまくいかないことも多いです。そもそも、老人が何を言ってもわからんちんのままだったり、共通の対抗すべき人を設定しようとしたら裏切りにあって「告げ口をされる」という展開になることだって、人間の世界では十分起こり得ます。だから、それは前の方に置かれた「ハードルの高い」やり方なのです。

1. 負け越しを受け入れる

ここでやや異なるやり方として挙げたいのは、「(できれば)若干条件をつけて相手の主張を受け入れる」というものです。どういう条件をつけるか、それが可能なのか次第なのですが、ポイントは「どうしても手放せないもの」以外については、捲土重来《けんどちょうらい》を目指して一旦手放すということです。相撲でいえば、負け越すことです。一〇敗以上の大負けは、次の場所の番付を大きく下げてしまいますが、七勝八敗や六勝九敗なら、翌場所頑張れば取り戻せます。「九番も負けてしまった」のではなく、こんな条件の悪いなかで六番も勝てたのだから、環境や条件をそろえれば、次があると思うことです。

そして、のちのちのことを考えれば、**相手に自分の勝ちとこちらの負けを意識させる**ことが大切です。これは負けを認める潔い立派な態度という道義の話というよりも、「相手をいい気持ちにさせて、ちょっと緩めさせる」という中期的な作戦を念頭においた考え方でもあります。「いやはや、参りました。解決のためには、こちらも腹を括りますので、どうかこのぐらいのところでご寛恕ください」と頭を下げることで、「勝てなかった」けれど、(それほど)負けていないのです。

しかし、書いた流れで言わざるを得ないのですが、実際はともかく、心構えとしては**全敗でもヘラヘラできる胆力**こそ最も必要で、是非ともそれを身につけたいものです。本当は、六勝なんて分不相応な勝ちすぎであって、そこからスタートすると、だいたいそのあと余計な荷物を背負い込んで、なおも不利な戦いを強いられます。子どもを相手にした時などが良い例です。子どもは、勝ったことで安心したり、すぐにいい気持ちになってくれたり、手を緩めてくれますから、そこは大負けして、その単純さを可愛く見守り、同時に「そうそう思い通りにはならないこと」をじわりと学んでもらう別の戦線を考えます。

「その場が絶対負けられない戦い」なら話は別ですが、うまくいって大勝ちしてしまうと、それだけで「次の火種」をつくってしまいます。夫婦や恋人関係となったら、もう勝てばいいというものではありません。個別のプライベートな関係においては、それはもう二人だけの世界ですし、犬も食わないような話も含まれていますから、「大敗しちゃってますます好きになっちゃった」みたいなレアケースもないわけではありませんし、一般論は基本的には無意味です。ただ、ぎりぎりで多くの人に有益なものになるかもしれない原則を、拙い経験からお伝えするということでしたら、ちょっとは言いようがあります。

家族や愛情関係にある世界では、「笑顔で全敗する」という王道があります。そういう愛の共同体においては、言いたいことを言い始めたらもうキリがありませんし、夫婦などただの他人から始まっていますから、そもそも「言いたいことを言いたいだけ言いたいように言って良い」はずがありません。私は、そこを根底から勘違いしている身内のもとで育ったために、その誤りから抜け出すのに大変な時間と苦労を必要としました。

精神やキャラクターの脆弱さゆえ、相手が二度と立ち上がれないくらい「打ちのめす」までやらないと不安なボクサーのように、倒れた相手をなおも打ち続けるみたいなことをする人がいます。そして完勝してしまいます。すると、完全に叩きのめされた側に「恨みつらみ」が生まれてしまいます。「何もそこまでやらなくてもいいじゃないか」という気持ちが生まれてしまったら、もう次の戦いの動機となります。それは自らリスクを生産してしまっているのと同じです。だから賢明な勝者は勝負のヤマが見えてきたら、上手に手心を加えるかもしれません。

「これ以上勝ってしまうと、本筋以外の感情を相手にもたせてしまう」という自らへの警告でしょう。

復讐は、無限ループになる可能性を秘めています。政治学においては、「○○をめぐる政治」と整理する言い方があります。例えば、「利益をめぐる政治」(politics of interest)ならば、利益の「調整」や「調停」をすることが主眼となります。逆に「イデオロギー(あるいは思想)をめぐる政治」(politics of ideology)になると、世界をトータルに解釈する枠組みをめぐる対立に向かい合わねばなりませんから、場合によっては相手を全面否定するようなやりとりになりかねません。宗教戦争とはそういうものです。この時は、相互理解というハードルの高い課題設定は無理であって、ぎりぎりでできるのは「停戦(とにかく一回ドンパチを止めよう)」だけです(詳細は「実践編第10章」にて)。

隣国の大統領は、任期が終わると次の大統領によって必ず法的報復を受けて、逮捕されて刑事被告人にされるパターンが多いです。つまり、政権交代が復讐の契機になってしまっていて、「血を一滴も流すことなく権力交代をする」という穏健なデモクラシーの良さではなく、権力を奪って復讐する(勧善懲悪遂行)となります。これが、止むことのない権力闘争ループの原因ではないかと思います。

2．捕まえておく

Aの1「対処可能な範囲に収める」に近いですが、こちらはやや「相手は（意識無意識いずれにおいても）何をこちらから提供してもらいたいと思っているか」を理解することに重心を置きます。そのためには、相手の心に何か残るものを提供しなければなりません。露骨な言い方をすれば「恩を売る」というふうになりますが、これでは嫌味な感じになりますから、「相手が不可解な行動をとらないように捕まえておくためのコストを払う」くらいに考えれば適用範囲も拡大します。つまり、正邪に固執せずに、相手に立つ瀬を与えてあげるということです。

子どもが卒業したにもかかわらず、より大きなPTA組織の運営に口を挟みたい人が改革の御旗を掲げて勝手に「これからのK市のPTA連合の未来を考える会（略して「これP」）」などというお節介な組織をつくったりします。通常は敬遠されがちなPTAですが、他方でPTA列車からなかなか下車できない、とりわけ連合組織の運営に自己実現の場を見つける人たちがいます。時として、こういう「降りられない」人たちは、自分の存在証明を求めるかのように、無意味かつスジを外した改革を押しつけてきたりします。

例えば、役員会を経て、各地域の代表者である理事さんも含めた「実行委員会」、そして総会で最終決定をするという適正手続きルールがあるのに、「役員会は、〝これP〟との協議を経た後に議決をしなければならない」などという、昔の「元老院」のような規約改正を提案してくるのです。

この場合、ゲームのメンバーは、執行部である「役員さん」と、残留して影響力を残そうと必死な「これＰ」の人たち、そしてこの組織の役員ではないけれども、地域の代表としてウォッチングする「理事さん」たちです。

国政で言えば「内閣」にあたる役員さんですが、「毎年変わる、嫌々やらされている、それゆえいろいろよくわかっていない」、そして何といっても「いろいろ言いたいけど言えない」善良な人たちです。ヒヨコのように怯えています。これＰの人たちは、「降りられない」「前のめりの」ベテラン組です。ここでは、私はこの二つのグループを見守る「理事さん」の目線で考えてみます。

最大の課題は、組織を私物化するような手続きルールの改正をしようとしているこれＰの人たちの目論見《もくろみ》をどうやって阻止するかです。そもそも勝手につくられたグループが、フォーマルな組織の決定に関わる正当性はありません。ヒヨコ組さんが、古兵のようなベテランさんたちに上手に対応するために、何らかのアドバイスをする必要があります。ヒヨコ組さんは、とにかくＰＴＡ連合組織の運営の渦中にあって、常に不安と闘っていますから、あまり考えなくて済むアドバイスをとにかく求めているのです。そこを押さえるのは大切です。

手続きルールの改悪案について、ヒヨコ組はその何が問題なのかが生活言語として納得できていません（当たり前です。日常は「機関決定の適正手続の担保」などという言葉で運営されていませんから）。それゆえ「これＰの皆さんが『慎重な議論のために必要だよ』っておっしゃるので、これを進めていこうと思うのですが」と目をぱちくりさせています。ヤバいパターンです。理事であるこちらの焦燥とイライラも募ります。

ここで対応を間違えると、取り返しがつかないくらい組織が私物化されてしまいますから、全体を鳥瞰する理事としては、万難を排してヒヨコ組のみなさんに「ちょっと待って、それ！」とやらねばなりません。しかし、大切なのはここでの物言い、ワード・チョイスです。脳内では「おいっ！　なんてバカな話に乗せられてるんだよ⁉　そりゃ、あのOBG連中が組織を乗っ取る段取りでしょうが⁉　少しは考えてよ！　あんたたち今、ものすごくヤバい方向に進んでるんですよ！」という言葉がハウリングしています。

でも、それをそのままぶつけると、ヒヨコ組の皆さんは空中分解、いや貝殻のように心も言葉も閉ざして、すべてを台無しにするストレス回避＝「OBGさんたちの言いなり（考えなくて済むから）」になって、そうなるともう相撲でいえば、幕下陥落につながる二勝一三敗です。

もう少し頑張ってぎりぎり負け越しは覚悟しても、大負けはしないために（そんなバカな提案を許してしまった段階でもう六敗くらいしているのですから）、ここはヒヨコ組さんたちを非難せずに、**「立つ瀬」を与えてあげること**が肝要です。なぜならば、ヒヨコといっても別に子どもじゃありませんから、ある種の大人の常識に照らして、自分たちが筋の通らない改革案の展開を見過ごしているのかもしれないという気持ちがあるからです。生活者のセンスは、本当に大事な場面では「なんかこれっておかしくない？」というセンサーと警告システムが用意されているものです。

それなら、言うべきことは「バカなことやってんじゃないよ！」ではありません。

OBGのみなさんの強い圧力の中で、よくぞここまで頑張ってくれましたね。さぞかし戸惑われたでしょう、ご苦労様です。でも、OBGのみなさんを悪し様に言うことなく、『これってどうでしょうか？』とご相談を投げてくださったことで、多くの人たちの知恵が集まるはずです。この流れをつくってくださり、ありがとうございます。ここでもう一度落ち着いて、私たち理事と話し合いをすることで、皆さんが納得できるところに着地できますよ。今日はお話しできて本当によかったです」……くらいです。

こう言われたら、「やらかしたかも」と不安に思っている人たちも、「拙速に話を進めなかったことに感謝される」ことで、濁流の中においても立つ瀬があるということになります。そして、同時に、「私たちのような、ちょっとだけ経験値がある人たちのアドバイスなしには、このOBGの圧力はとうていはね返せませんよ」という静かで確実なくさびを打ち込むことができます。ヒヨコ組さんたちはパニック暴走をすることもなく、自分たちより経験値のある者たちなしには事態の改善は望めないことを心に刻み協力的になりますから、要するに「捕まえておくこと」ができるということです。

このやり方を応用すれば、ヒヨコ組さんだってベテランさんたちを別の場所に誘導させることができます。改悪案が進まなくなってイライラするベテランさんたちを改心させることは不可能です。動機が公益ではなく「自分の居場所」という私的感情にあるからです。だったら、その気持ちに「立つ瀬」を与えてあげれば良いのです。

ヒヨコさんたちがするべきことは、まず感謝の意を伝えること、そして彼らのアドレナリンが分泌されるような「結構大事なプロジェクトっぽいけど、実はどうでもいい、それでいて達成した結果が派手に表現されるもの」へと誘導することです。典型的なものが、『〇〇区PTA連合〇〇年のあゆみ』の編集企画の要請みたいなものです。

これならヒヨコさんたちでも、感謝をこめて「こんな素敵なプロジェクトができるのは、これまでの御貢献があるみなさまだけなんです！」とお願いすることができ、それはさほどのストレスにはならない気がします。もちろん面倒なのですが、形になるものをつくるのはベテランさんたちも楽しいはずです。

大切なのは、**「責めない、なじらない、批判をしないで感謝をする」**ことで、これは「四〇分前に注文した唐揚げが通ってなかった」ことで弱い立場のフロアの従業員に威張り散らす人の逆のやり方です。「あ、私のミスだ」と天を仰いだ人は責められると思っています。でもそんな時「これだけのフロアを二人でやってるんだもの。無理もない、よく頑張ってるね」と言われることで、「このお客さんにもっと親切にしよう」と心に誓うのです。フロアのバイトの人を「捕まえる」ようなことを普段から練習しておくと、快勝はできなくても（唐揚げに時間がかかっても）協力を得やすくなります。

でも実は、ほとんどの読者のみなさんは、こういう態度が自然に身についています。注意すべきは、ある程度の地位にあり何者かである自分が頼んだものがまだ来ないのだから、バイト風情には怒鳴りつけるぐらいしても良いのだという下品な思い上がりを手放せない、これまでそういうふるまいが見過ごされてきた「自分がエライと決め込んでいるおじさん」です。相手に失点があった時こそ、協力をとりつけるチャンスだとわかっていません。

3. 引き延ばす

切迫した状況下では、あまりいろいろな準備ができませんが、ちゃっちゃと形をつけるだけが課題解決ではありません。あくまでも、持っているリソースを活用して、具体的な着地をさせることが目標ですから、焦りは禁物です。

前章で「何を恐れて言えないのか」について言及したように、自分に批判や攻撃を加えてくる人に対処をする時に、一息ついて相手と自分を確認しなければならない場合があります。人間は、そんなにいつも沈着冷静でいられるわけではないからです。脳内の焦りのスイッチで負のスパイラルが稼働し始めて、誤った不十分な情報のまま行動すると、せっかくの機会を逃すことになります。**情報を増やして延長戦に備えることも必要です。**

私の友人の住むマンションで起こった話です。そのマンションには、敷地内に駐車所がいくつかあって、そのうちの数台は高架式ではなく平場置きの区分でした。ですからそこに隣接する部屋に住む人たちには、車の音が聞こえてしまいます。昨今の車はハイブリッド車も多く、車庫入れの際には静かになりますから、あまり問題も起こりませんでしたが、ある一台の車が排気量が五〇〇〇ccもある、かつマフラーの具合によって結構な爆音が出るものだったので、住民からクレームが出ました。

車の持ち主は気を遣って、最初のエンジンをかける時の数十秒後は、速やかにそこを出て、少し離れたところで短めのアイドリングをしていましたし、音そのものも暴走族の出すようなものでもなく、彼の基準では「生活音の一部」くらいのものでした。しかし、一階に住むその住人は驚くほどイライラしていて、理事会にも「あのうるさいバカ車をなんとかしてくれ」と、非常に攻撃的な態度でした。

それを聞いた車の持ち主は、ぐっと堪えて「早朝や深夜などにはけっしてエンジンをかけないように配慮しているつもりですが、そんなにご迷惑でしょうか?」と尋ねたところ、「うるさいんだよ！　さっさと捨てろよ！　あんな〇〇車！」と、これまたひどい言葉が返ってきました。四六時中エンジンをバリバリとふかしていたわけでもないのに、真っ当な大人が、初めから喧嘩を売るような物言いをするなんてと、堪忍袋の緒が切れた持ち主との間に険悪な雰囲気が漂ってしまいました。

両者のやりとりをそれだけ聞くと、「バカ車」などと言う住人の非常識さと教養の低さに嘆息しますが、その人は友人に言わせると「一流大学を出て、そこそこの大企業に勤めるビジネスエリート」なのだそうです。ビジネスエリートにも非常識で無教養な高学歴者は大量にいますから、さほど不思議なことではないのですが、以前の柔和で穏健な物腰と、「捨てろよ！そんな車！」という暴言がどうしても結び付かなくて、理事会のみなさんも驚いた様子だったそうです。どうしてあの人はそんなことを言うのか？ そんな人じゃなかったのにと。

それだけの暴言となれば、大人の集まりですから理事長名で「人格に及ぶような物言いはお控えください。問題解決の焦点に沿って、対応をお願いします」くらいのメッセージが出ますが、車の持ち主も感情的となって、事態は暗礁に乗り上げてしまいました。「何をやってんのよ？ 大人ならちゃんと話し合えよ」と、年配の住人の方々は呆れながら見守っていました。

しかし、若干の冷却期間を経た後、あの穏健な人があんな暴言を吐くには何か理由があるはずだと辛抱強く考えた、暴言者と比較的親しい住民が、「裁判でも何でもやりますよ！」と鼻息荒い車の持ち主に、「あなたのお怒りも至極もっともですけどね、まぁ、ちょっと頭を冷やしましょう。あの人は最初からあんな物言いをする人じゃないですよ。何か事情があるはずです」と、クールダウンを呼びかけました。時間をとって、後日その暴言者とゆっくりと二人だけで、ひたすら話を聞いてあげたのだそうです。傾聴です。

その結果、理由がおよそ明らかになりました。それは、早朝から家を出て、一日中金融取引をしていたスーパーサラリーマンが、コロナ禍で「自宅勤務」になってしまったことが原因だったのです。私のような、講義のない日は真昼間にスーパーの袋からネギをにゅっと出して近所をぶらぶらしている住人は、朝も昼も晩も、人々がどんな暮らしをしているかを知っています。大学に行かない日は、植木屋さんの枝を吹き飛ばす機器のノイズ、向かいの家が建て替えとなれば終日工事音、近くの小学校の屋上から昼休みに聞こえてくる歓声、道路でサッカーの練習をする子どものボール音、そしてベランダ下でエンジンをかけっぱなしで昼寝をするトラックのエンジン音、そういうものとともに毎日を過ごします。

ところが、そのエリートサラリーマンは、日付が変わるような時間に帰宅したら、泥のように眠り、週末しか家にいませんから、平日の生活環境を知りません。それをコロナ禍でのオンライン生活で初めて知るのです。集中し始めたと思いきやピンポンと鳴らしてくる宅配便業者、書留ですと郵便屋さん、マンションの管理人さんが「あんたんとこ粗大ゴミのシールが間違ってるよ」と言いに来る、同じ階に住む二軒隣の家に生協の宅配が来る、同じマンションの子どもたちがエントランスで大声で騒ぐ、ウィークデーの昼間ってのはこんなにうるさいのかと、驚いたことでしょう。

しかも、コロナ休校直後は三カ月半、毎日子どもたちが家にいて、ゲーム三昧。遊びに行きたいのに、未知のウイルスという段階でしたから、そうそう友達とも遊びに行けずエネルギーを持て余して兄弟喧嘩が始まり、そのことでツレアイさんもイライラを募らせて機嫌が悪い、もう阿鼻叫喚、地獄絵図です。早朝に家を出て、子どものこと、地域のこと、面倒なことは全部ツレアイさんに任せて、日本の経済を背負っているとの自負と、生き馬の目を抜くような競争社会で働き、深夜に帰宅してきた人にとっては、激変する生活環境に適応できなかったそうなのです。そこに長年の根を詰めた仕事人生の疲れが重なり、なんとうつ病に陥っていたことがわかりました。痛々しい事態です。

それを聞いた車の持ち主も、明らかに態度を変えたそうです。なぜならば、うつ病とコロナが重なった人のメンタルの厳しさを、彼は部分的に共有していたからです。そんな調子の悪い時に、エンジン音の受け止め方はまったく違ってくるでしょう。自分が仕事のプレッシャーに押し潰されそうになった時に、どうやって自分を維持したのか、もしあの時の自分がコロナ禍に遭遇していたら、おそらく他人に暴言の一つや二つを放っていたかもしれないと思いました。

厄介な揉め事の発生に憂鬱な気持ちになっていた他の住人たちも、車の持ち主との立ち話「あの人もいろいろとあって、コロナ禍の苦労もあって、余裕がなくて言ってしまった面があることがわかりました。もうこれからは穏やかにお話ししようと思いますよ」で、安心を取り戻しました。もし、あの特殊な環境において、いろいろな体調の悪さがあったという情報がなかったら、もっとひどい売り言葉に買い言葉となってしまっていたかもしれません。

騒音問題は、完全に解決したわけではありませんが、コロナが収束に向かい、またオフィスに戻る日が来た（ストレスの軽減にはなりませんが）ことで、「白黒はっきりさせようじゃないか」という不毛なやり取りは回避されたようです。こうなるともう勝ちも負けもありません。日々のやりとりに大きな障害がなければ、**問題は相当長く引っ張って、グレーなままでも良いのです。**

延長戦といえば延長戦ですが、もはや戦いではなく「配慮の仕合い」となっていけば、それはもう善良なる人間の日常生活の中に溶け込んでいきます。

C　助けを求める

そうそう人間は一人では戦えませんし、一人で立ち向かっても、ほとんどの人は簡単には参戦してくれません。だから「オレ・ワタシ」ではなく、「オレたち・ワタシたち」を形成する、つまり「助けを求める」わけです。ここではそれを大きく二つに分けてみたいと思います。最初が「仲間をつくる」で、次が「しかるべき筋に話を持ち込む」です。

1．仲間をつくる

Aの2「仲間にしてしまう」で触れたように、「統治」(言って聞かせる)、「取引」(交換する)、「互恵」(与え合う)、「威信・カリスマ」(惹き付ける)、そして「協力・協働」(力を合わせる)といろいろありました。ここで「言うだけでなくいろいろやってみる」というのは、最後の合力です。ここで私たちが普段ぼんやりと考えている「力の足し算」の中には、いろいろなバージョンがあることをお示ししたいと思います。**相談して協力をつくり出す**という方法です。

日本で初めてNPOをきちんと位置づける法律をつくった有力メンバーだった松原明さんは、著書『協力のテクノロジー』（大社充さんとの共著、学芸出版社）の中で「協力」を三つの類型に分けています。一つ目として、協力とは幸運にも他者と自分がほぼ同じ目的を共有して、同じように行動してくれるものと考えます。第二に、私たちは時として、協力とは「自分の設定する目標に誰かが一方的に力を貸してくれること」というイメージで考えています。自分の目的を人が理解し賛同してくれるから力を合わせてくれるという理屈です。そうなると、この協力は「こちらの良い意図を理解してくれればしてくれるはずの一方的な（幸運な）援助」ということになります。

しかし、これは非常に運良く自分の目的と相手のしたいことが一致したということであって、本来確率が低く、協力が得られるのはレアケースなのかもしれないのです。だから協力を得るためのハードルは決して低くありません。

でもここでは、我々は「いろいろやってみる」わけですから、協力を意図的に構築するのが目的です。だから「たまたま」目的が一致する幸運を待っていてはいけません。そこで第三のやり方として、「協力してくれる人のしたいこと」をきちんと理解して、相手に対して配慮をして、**一番協力を得やすい「自分のしたいこと」と「相手のしたいこと」のどちらも実現できるような「共通拠点」をつくり上げて、それを実践するやり方**が浮上します。つまり、行き着く先は異なったものかもしれないけれど、共通目標を構築することで合力を可能にして、「各々のしたいことへ到達」するという考え方、つまり**「相利」の構築**が必要になるのです。各々が自分たちのしたいことが実現できると思いますから、協力関係をつくりやすくなります。

松原さんは、市民社会運動がより発展し、デモクラシーを豊かなものにしていくために、その活動の環境と条件をきちんと整備しなければならないという視点から、世界の非政府組織では当たり前になっていた「運動体の法的位置づけをすること」を目標にしました。具体的には、社会運動団体を民法上の権利主体とするための基本法をつくることです。今日のNPO法です。

しかし、家族でも、企業でも、役所でもない、市民社会領域の活動を位置づけるという目的を理解できない当時の自民党のベテラン議員たちをなんとか説得しないと、法律をつくるための多数派形成はできません。自民党の長老たちは、偶然に近い経緯で生まれた「自社さきがけ」政権のために新たに仲間になってしまったメンバーとの関係に慣れていなかったのです。つまり長老には、「社会党＝労組」以外のイメージがありませんから、市民運動をバックにする若い社会党議員たちを警戒して、「エヌピーなんとかという法律ができたら、自民党が左翼に牛耳られてしまう」として、なかなか首を縦に振りません。そういう状況の中で、どうしたら「NPO法をつくる」ための協力を構築できるのかと考えたのです。いろいろな戦術、作戦、工夫をして地道に、そして確実に協力者、法案の賛成者を増やしていきました。

この「協力のテクノロジー」をまさに表していたのが、NPOとは直接関係がない「外務省との協力の構築」でした。市民運動に法人格を与えるという政策目標が、どうして外交や国際関係を対象に仕事をする外務省とつながるのか、私はこの本を読み進めるまでよくわかりませんでした。しかし、それを理解する契機となった事件がありました。それは「湾岸戦争」（一九九一年）です。

湾岸戦争が起こった時、世界中のＮＧＯ（非政府組織）が、戦争を契機に生まれた難民や破壊された地域を支援する活動を始めました。国連を中心とする人道支援物資の提供や寄付、現場での実践的行動は、各国政府が提供する軍事力同様に非常に重要な貢献をしました。

しかし戦争が終結した時、国際社会は日本に対して非常に厳しい評価をしたのです。憲法上の制約があって、自衛隊を簡単に海外に派兵できない日本政府は、多国籍軍の戦費として当時のレートで一三〇億ドルものお金を拠出しましたが、「金だけ出して一滴の血も流さない小切手外交」とこき下ろされたのです。この評価に、日本の外務省は打ちのめされました。憲法の枠によって多国籍軍に参加はしなかったものの、一三〇億ドルもの巨額の軍事費を提供できる国が世界に一体いくつあるのか？　それを「金だけ出す連中」とされたからです。

この「落ち込んだ外務省エリート」という段階ではまだ「協力」は構築されません。ＮＰＯ法案を成立させようとした人たちは、外務省に次のように協力を持ちかけたのです。

世界のＮＧＯがクエートの空港から現場に向かった時、日本の支援市民団体は、なんと空港で留め置かれていたのです。日本の支援団体は何ら法的資格を有さない任意団体だとされたため、テロリストやスパイと疑われかねないほど身分が不確かだったのです。おわかりですよね？　それは、活動団体に法人としての地位が法的に与えられていなかったからです。外国の政府は、各々の国内で正式な団体として法資格が与えられているからこそ、安心して外国の団体を入国させ、後方での活動を許すのです。でも、日本にはそうする法律がなかったために、多くの団体が「何者なのか？」と疑われて、空港から国内に入れなかったのです。ようやく入国した時には、先発隊の外国組織は活動を終えた後でした。外交や国際関係において、貢献活動をする非政府、非営利活動をする団体にはきちんと法的資格を法律で定めねば、日本の国際貢献はいつまでたっても国境を越えられませんし、それは、外務省としても忸怩たる思いでしょう？　ぜひ法案成立に協力してください。（筆者要約）

NPO法推進者の「自分たちの利益の着地点」は、外務省の人たちのそれとは異なります。外務省は、憲法と国力の範囲の中で、可能な限りの国際貢献を果たし、対外的評価を高めるという着地点です。でも、異なっているから「NPO法案を可決させる」という協力ができないわけではありません。描く夢や成功や幸福のイメージは異なっていて良いのです。人は他者と同じ夢や理想を完全共有しないと協力できないのでしょうか？　そうではありません。そう考えてしまうと、協力を構築することのできる確率は上がりません。レアケースになってしまいます。

「川は流れていく先は分かれるが、山から急流を下った穏やかな中洲に土塁を構築する」ことは可能ですし、そのために合力することは可能なのです。これが「協力する」ということのいまひとつのイメージと実践です。こうした協力構築の「日常的展開」については、実践編でまた説明します。

2. 事態を公開する

これは事態が深刻になり、かなりのエネルギーが必要と判断された時のやり方です。できれば避けたいのですが、私憤が「公憤」となった時には、やるしかありません。昔使われた俗な表現でいうと、「上等じゃねぇか！　出るとこ出ようじゃねぇの!?」です。個人の私的紛争のままでは相手の理不尽なやり方を修正させることができないので、「これはもう個人同士の話ではなく、みなさんの身の上にも起こることですよ」と話をオープンにして、問題や課題解決のためのアクターを公的に招き入れる、というものです。

一九六〇年代を中心に活躍したアメリカの政治学者エルマー・シャットシュナイダーは、『半主権人民』（邦訳、而立書房）という著書で、こうした事態を「紛争範囲・規模の拡大」と表現しています。政治の機能には、人間の利益関心の実現のために、最初は個人や私的なエリアから発した課題を、「市民が共有すべきこと」というふうに翻訳して、そのことを通じて紛争当事者以外のアクターを含めた公共利益をめぐる議論へと転換させていくことが含まれます。

紛争範囲を拡大するという方法です。

もちろん「出るとこに出る」とは、公的な利益調停や仲裁をするフォーマルな権限のある機関、すなわち司法や行政（警察・検察・裁判所など）に訴えるという意味を含みますが、それだけではありません。部活の顧問である昭和丸出しの先生が、個別の生徒に炎天下の練習中の水分補給を懲罰的に禁じたために痛ましい事故となりかけたなどといった事件が起これば、これは部活顧問と生徒の保護者の間の金銭的な「損害賠償請求の可否」という民事の枠を超えます。

これは「合理的かつ医学的に適切なスポーツ運動指導を全国の学校・青年育成組織に徹底させる」という公共的関心となって、文科省や都道府県や自治体教育委員会なども参入する、**みんなの問題と課題になる**わけです。だから、この「いろいろやってみる」は、自分だけでは埒が明かないと判断した時に、まっとうな筋、公正で公平な仲裁や調停をする機関に相談するということです。

例えば、（「実践編」第5章でも説明しますが）職場の紛争の調整には、あっせん・調停・仲裁といったやり方があります。パートタイム労働者や派遣、契約社員といった非正規社員が増えていますが、非正規型労働者も協力し合って会社と交渉したり、ストライキを行う権利もあります。最近では、企業の枠を超えて非正規型労働者を組織する合同労組（ユニオン）に入る事例も増えています。

そうした事態はかなり最終手段ですが、それ以前にもいろいろできます。例えば、ＮＰＯの運営のシステムやガバナンスには曖昧なことも多いですから、いろいろと意見対立や葛藤があります。行政から事業委託を受けて、例えば商店街の空き家を再生する事業を請け負っているNPOが、これまでの事業運営ではなかなか社会的成果を生み出せないという議論をきっかけに、随意契約（競争入札しない契約）のまま続けるのか、プロポーザル契約（企画競争による契約）で質の高い他団体との競争をしていくのかで大揉めになったりもします。

このNPOを立ち上げた理事長と、その人の右腕としてずっとやってきた二人が、こんな問題をめぐって意見が合わなくなってきたら、設立メンバー同士の閉じた空間ではなく、やりとりの範囲、この議論に関わる人たちの数を増やして、より多くの運営協力者の知恵を発見して、結集しなければなりません。「紛争規模」というと少々暗いイメージになりますが、「団体の未来の道筋を間違えないためにより多くの人たちの知恵を借りる」と言い換えますと、「きっといいアイデアが出てくるはずだ」と前向きの姿勢となるかもしれません。

職場の上司の横暴なふるまいや、職権の濫用がひどくなってきたら、各々の段階でやるべき行動は変わってきます。最初は、居酒屋でのコミュニケーションから始まって（これがまたストレスになるのですが）、信頼できるもっと上の管理職への訴え、コンプライアンス担当の上席への正式ルートでの訴えなど、そういう「範囲の拡大」の規則がシステム的に整備されているならベストです。

でもそうでない場合（古いタイプの中小企業など）には、「規模の拡大」として例えば「女性社員全員の結束」であるとか、怯えて何もできない人に強く協力を求められない場合には「有志5人委員会」的なものをつくったりと、「私たちの問題・課題」という看板を上げることはできます。

古くは、中学校のホームルーム時代に遡ることもできます。昨今は、連帯して何かを守るためのノウハウや技法がまったくもって年長者や先輩から継承されにくい時代ですが（だからこんな本を書いているのです）、修学旅行の班決めや、文化祭や体育祭での強引な運営がおかしいと思ったら、押し出しの強いリーダーに黙って従うことなく、話をしてみて「これはこのキャラには勝てないな」と思ったら、「重要なことだから、自分だけで決められないよ。この件は運営委員会でみんなに大っぴらにするから」と言ってしまえば、相手だってそれを止めさせようとするには相当な無理をしなければなりません（そうなった時のために、やりとりの詳細なメモ、時には会話の録音をしておきます）。自分だけで、自分の利益に叶う方針へと持っていこうとするリーダーは、紛争規模を極小な範囲に収めておきたいものです（ここだけの話だぞ、と）。それに**個として対抗するにはなかなかコストがかかると判断したら、問題・課題をめぐるやりとりの空間を「開く」**のです。つまり「出るところに出る」というわけです。

もちろん「開いた後」の協力が得やすくなるための地ならしや雑草取りはやっておかねばなりません。具体的には、たくさん立ち話をして多数の友達との関係の温度を上げておく、無用な誤解とトラブルを避けるために、陰口や悪口や噂などは絶対にしないといった環境整備です。

そうやって腹を括れば元気も出てきます。亡くなったアントニオ猪木さんは、「元気があれば何でもできる！」と言っていました。ここまできたら、頑張るしかありません。

D 言ったりやったりしている人を孤立させない

度々引き合いに出しますが、私は学校の教室のなかから見える風景を素材に、ティーンズたちに「今を工夫しながら生きのびようとしている君たちを全面肯定する」と言いました。そして、押し出しよく、先生からも上手にいじられて、言いたいことをちゃんと言える者ばかりではない教室で、「そうそう言えない」と思っている、でも「言いたいことはあるんだ」という者たちに、「上手に言えなくても、下手に言うことすらもできなくても、できることはたくさんある」と伝えました（『教室を生きのびる政治学』）。この本を手に取ってくださっている大人たちに対しても伝えることは同じです。ポイントは、「**なんとか頑張っている人を一人ぼっちにさせない**」ということです。

1．頑張る人たちの話を聞いてあげる

声を上げられないなら、そして主張すること以外の「いろいろ」もなかなかできないなら、頑張ってものを言っている人の言葉を「徹底的に聞いてあげる」だけで、大変な協力になります。その人は勇気をもって、止むに止まれず、義憤に駆られて、良き波紋を生み出したくて、

みんなの事情をわかった上で代弁しているのです。自分は躊躇しても、その気持ちに応えたいです。

「聞くだけで？」と思うみなさんは思い出してほしいのです。自分が「これは言わないといけないと思う」となって、なんとか伝わってほしいという気持ちがある時に、自分の話を遮らずにじぃっと聞いてくれる人が自分の風景に入っているだけで、とても嬉しかったではないですか？ **人は、「話を聞いてほしい」生き物なのです。**

私のように、社会権力（大学での座学九〇分の講義をして成績評価をする）を行使して、「人が自分の話を聴くのは当たり前」と思いがちな人間は、この大事なことを時々忘れ、かつ未成熟な学生の言葉を追いかけるスタミナが切れて、ついつい「ちょっと待って」なんて介入することに慣れているため、この「ちゃんと聴いてあげる」ことの持つパワーと影響を過小評価してしまいがちです。

人は、自分ごとだけではないと判断して意を決してものを言う時に、いくらかの不安とともに声帯を振動させます。「ん？　ちょっと反応が悪いな。もしかすると、自分はとんちんかんなことを言っているのかもしれない」とか、「ああ、こんなことを言ってドン引きされたらぼっちになりかねないな」とかです。でも、じぃっと話に耳を傾けてもらえて、かつ話し終わった後、廊下やエレベーターや地下鉄のホームで「ありがとう。私の言いたいことを代弁してくれたような気がする」などと言われた時には、勇気が一〇倍ぐらいになります。聴くことだって、「いろいろやってみる」に十分入ります。

それのみか、人の話を徹底的に聴いていると、あら不思議、話し手の声に混じって、なんと**「自分の声」が聴こえてくる**のです。人の話を全身で受け止めることは、体力も気力も必要ですから、それなりの動機が必要ですが、「自分はこの人を応援したいのに何をしていいかわからない!」とジリジリしている時は、そのエネルギーを借りてきっちりと耳を傾けてみれば、家に帰る途中で気がつくはずです。「え? そうなのです! 自分が言いたいことが(なかなか言えないけど)ちょっとクリアになった気がする」と。そうなのです! 人の話をきちんと聴くと、自分の話の解像度が上がるのです。多くの人が気づいていないことなので、私が言いました。本当です。

2. プロセスを記録してあげる

どうにも堪え性がなくてとか、話し手がまとまりのない物言いをしているとか、いろいろな事情で「ちゃんと聴くのもキツいし無理かも」という場合は、どうしたら頑張っている人を支えられるでしょうか? それは、「記録しておいてあげる」ことです。頑張っている人と力を合わせるやり方は、本当にたくさんあるのです。

黙っているだけで、しかもちゃんと聴いてあげられているのかが不安な人もいるでしょうが、克明にメモを取ってあげたり、やりとりを動画などに収めておいてあげたり、録音しておくこともできます。それは、前線に立っている人が少し不安になったり、気持ちが先走って行動が大雑把になったりした時に、正確な情報として大きな助けとなります。戦っている相手についても、当事者はそうそう全体を把握することができません。前線に立つ者には、その人なりの相手を見る比重というものがあります。そんな時、きちんと記録をしてくれる仲間がいると、「相手は強気一辺倒ですけど、実はものすごく不安だからアクセルを踏み続けていますよ。私がとったメモを読み返すと、そんな感じが受け取れます」なんて心を落ち着かせてくれるようなことを知らせてくれます。

交渉や問題・課題解決は、広い範囲の適切な情報によって精度を上げます。言えなくても、徹底的に聴いてあげられなくても、書き留めて、記憶してあげることはできます。そして情報を集めたことで、「これもできるし、あれも提供できる」という、頑張っている人たちを孤立させないための知恵がなおも浮上しやすくなるかもしれないのです。

3．頑張る人たちを励ましてあげる

「言えない」「上手く聴けない」「細かく記録するのも苦手」で、ああ自分は何も助けてあげられないと、うなだれている人、無力感にやられそうになっている人にも、唯一できることがあります。それは**「励ます」**ことです。しかも、この「励ます」という行為は、無限種類といってもよいくらいのバリエーションを持っています。

私が、他者からしてもらった励ましの中で、地味に持続力のあったものは**「とにかくいつも**

いつもそばにいてくれる」というものです。もちろん「頑張ってね」とか「負けるなよ」という言葉も嬉しいし、「大丈夫だ。ちゃんとできてる。胸を張れ！」なんて言われると、力をもらった気になります。しかし、「ああ、山あり谷あり、吹雪あり、突風あり、どんな時にもそばにいてくれたんだな」と思った時の心の温度の上昇によって、戦いを継続する太い力となりました。

上手くいっている時、パワーも運もそろえて輝いている時には、人は寄ってきますし、その明るいオーラは人を惹きつけますから、協力者も応援者もたくさん現れます。でも、負けた時、ひどい目に遭った時、身から出た錆《さび》が理由で落ち込んでいる時には、潮が引いたようにさぁーっと人はいなくなります。

陰鬱なるオーラが出ていれば、人は声がけも憚《はばか》られてしまいますし、どうしていいかわからなくもなりますから無理はありません。でも、そんな時こそ「しょうがねぇなぁ」と文句を言いながら、「馬鹿野郎だな。本当に」とけなしながらも、「ま、それも含めて友達だからな」なんて言ってくれて、そばにいてくれる友人は、生涯の友人となる可能性があります。

私たちの世間は、運気が尽きかけ、理不尽な目に遭って下降しつつある人を直接助けることができない時、「陰ながら応援しています」などと慰めにもならないことを言ってくれます。でも、言ってくれるだけありがたいのですが、できれば表立って応援してほしいのです。でも、一人ひとりは己の身を守ることで精一杯であるなら、心で手を合わせて「ごめん」と呟いて、「陰ながら」と搾り出すように言うわけです。己の弱さと頼りなさと、いくばくかの冷淡さをもって、できる範囲で頑張っている人を孤立させないようにしたいのです。

その時、「そばにいてあげよう」というギリギリの応援が励ましになります。私は、それは本当にありがたいことなのだと思っています。

E　逃げる・諦める

言えない、ちょっと言える、言えるけどそれ以上はできない、言っていろいろやってみると順番に書いてまいりましたが、そろそろ理論編もゴールが見えてきました。いろいろやって、千万の言葉を使って、でも「これはもうダメだ。無理だ」と思ったら、**逃げるしかありません**。

数年前『逃げるは恥だが役に立つ』（二〇一六年）というドラマがありましたが、このタイトルが示していた「本当は恥ではない」というメッセージが、多くの人々のハートに届いたと思います。

そもそも日本語の「逃げる」という言葉には、「卑怯」とか「ずるい」とか、「ちゃっかりしている」「狡猾だ」といったネガティブな手垢がたくさんついていますから、その言霊《ことだま》にやられて「逃げちゃいけないんだろうけど」という糸を引くような気持ちになってしまいがちです。でも、そんなことはないのです。

理由は簡単です。生きることとは、「生きのびる」ことだからです。そしてそのためには、

「楽しく暮らす」ことが大切な条件だからです。「地獄を生きるくらいなら」という切ない論理を実践するくらいなら、「もういい。とにかく、こっち来い。逃げて来い。助けを求めて、その場を離れろ」です。なんでもいい。とにかく酸素を吸え、です。

私は、「忍従する」と「離脱する」の間には広大なゾーンがあり、そこには他者と「交渉する」という選択があるのだと言ってきました。しかし、**命や精神がボロボロになってまで交渉するべきなどとはまったく思いません**。本末転倒です。私は、「ここは逃げると決めた」と、自分で判断する人間を尊敬しています。引き返すにはそれなりの勇気が必要ですし、ここまでかけてきた時間とエネルギーを思い返しながら、守るべきものの優先順位をつけることが、そんなに簡単なことではないと思うからです。私は、「逃げる」と主体的に判断することを非常にグレートな選択だと思っています。逆説的ですが、それでこそ「いろいろやってみる」ことの価値も浮上するのだと思います。

逃げることをどう言い換えるかで、「その後」についても契機を残すことができます。「ここは一度戦線を整理して、再度のやりとりのための準備に入る」とすれば、これは逃げるというニュアンスではなく、「新たな準備に入る」ということになりますから、実は創造的な未来への展望を含んでいます。ゲームを一度リセットするということかもしれません。とにかく、言霊の力は大きいですから、一度その場を離れて、呼吸を整えて、離脱した自分を過剰に責めないことが大切でしょう。

「逃げる」を「諦める」へと和文和訳すれば、徒労を回避するという意味にもなります。もう一九九〇年代から何十年も議論をしてきて、一時は本当に法律改正が実現する手前まで行ったにもかかわらず、相変わらず意味不明の反対根拠で「選択的夫婦別姓制度」が実現されません。意味不明なのは「父と母が別々の姓になると家族が崩壊する」という、もはや世界に説明不能な破綻した理屈です。

日本国憲法が成立する以前の民法は「家制度」を基礎にしていましたから、それは今日の世界標準である「個の尊厳」というスタート地点とは異なります。もし良き伝統があるならば、今日の家制度は個の尊厳を踏まえて、それを継承せねばなりません。しかし、反対する人たちはそもそも近代的な憲法の価値すら承認しませんから、もう議論にならないわけです。

ですから、「結婚と出産をしてこそ女性の幸福はある」とか、「結婚とは家に嫁ぐという意味であり、この婚姻主義こそ日本の淳風美俗《じゅんぷうびぞく》を守る最後の砦である」と、あらゆる今日的世界の前提を拒んでいる人たちとは、もう交渉の余地がありません。そのような女性に対する不寛容な態度を許し、政治家がそれを公言し差別的な言動をとるなら、それに対しては寛容になる必要はなく、きちんと抗議をせねばなりません。その先になるともう交渉ではなく、無視と排除となり、後は時計の針が回ることを待つことになります。言葉がすべての政治の世界で、言葉が通じない（議論の前提すら得られない）以上、そこで終わりです。

非常に残念ですが、それでもなお議論の余地を見つけて、世界を少しでも変えたいという気持ちがあれば、その時には巨大な宿題が眼前にあることを認めなければなりません。

それは、**「根源的価値観が背反していて、議論を通じて考え方は変わりうるのだという前提を持たない人々との関係をどうすれば良いのか？」という政治の本質に関わる宿題**です。カール・シュミットという憲法学者は、「政治の世界の関係は友か敵かしかない」として、政治に求められるのはそこでの「決断」であると主張しました。彼の考えは、妥協と融和で世界を遅滞させる議会政治への痛撃として、ナチス・ドイツに利用されました。そして、戦後はシュミットは追放されてしまいました。

シュミットは退場を強いられましたが、彼が残した「政治とは友敵関係である」という宿題は、なおもクリアされていません。逃げて、諦めて、「話しても無駄」と判断しても、「そういう人たちとどうやって生きていくのか？」という問題は残るのです。

それに対する解答は、慌てずに次の「実践編」での人間の格闘に触れながら、ゆっくりと出していければ良いと思います。

実践編

実践編
第1章

ネトウヨになった父に暴言はやめてと言いたい

父とは実家に帰ると近況などを話しあう程度だが、仲は悪くないほうだと思う。だけど最近、急速にネトウヨのような発言が多くなっている。「どこに行っても外人ばかりで日本の治安がダメになる」とか「〇〇人は日本文化を真似しておきながらオリジナルだと主張する」とか「日本人は東南アジアを解放したから尊敬されている」など。性被害を訴える人の名前を出しては「サヨクにかぶれている」など。シングルマザーとして苦しい生活をしている女性たちに対しても「覚悟なく安易な人生選択をした自己責任だ」と、聞き捨てならないことも言う。

そういう聞いていて気分がうんざりしてくる発言ばかりで、いつからこんな差別主義者になったのか驚くほどだ。聞いていられない内容なので、反論したいのだけど、どこから手を付けていいのかわからない。独り言のようにとにかく一方的に話しているので、私がどう感じているかなんか考えていないのだろう。

「お父さん」のいろいろ

この課題について一般的な処方をお示しするのはなかなか大変です。なぜならば、お父さんがどの時代に生まれ、どのような家庭で育ち、どういう教育を受け、職業人生を送ったか、そして直近にどういうデータや情報に触れたのかなど、さまざまな条件によって、みなさんがお父さんにどう向き合うべきかが千差万別だからです。しかも、そもそも「ネトウヨ」をどうやって位置づけるかも、さほど簡単な作業ではありません。そして、何よりもお父さんを「ネトウヨじゃん」と認識した当のあなたのスタンスや世界認識の違いが、お父さん像に投影されてしまうという厄介なカラクリがあるのです。

そもそも、このリード文の例だけでは、お父さんが大体いつぐらいの生まれの人なのか、その幅が曖昧です。私の父はいわゆる「昭和ヒトケタ」と言われた一九三一年生まれの九三歳ですが、二〇代後半のような若い読者の方々となれば、父親がちょうど私のような昭和三〇年代生まれという場合もあり、そうなると一世代年齢がズレてくるわけです。私の父親は、昭和三〇年代生まれの私からみても、もはや現世の支配的価値観へのアップデートのされ方もまったく異なりますから、年齢層をある程度限定しないと、「え、どんな父さんの話?」となってしまいます。

本項の目的は、「独立して家を出たために、しばらくやりとりがなかった父親がネット右翼的なヘイト言語を放つ人になっていて、すっかり決めつけをする話の通じない人になっていた」が、いくらかでも父に言葉を投げて受け止めてもらえるようになるための示唆をすることです。

想定としては父親が最高齢だと、昭和ヒトケタ世代、十年単位で区切っていけば、次が「戦争の記憶はあまりないが、焦土と化した風景で教育を受けた世代」、そして昭和三一年の経済白書で言われた「もはや戦後ではない」という、豊かさが底上げされつつあった経済成長期に育った世代と、およそ三つに分けることができましょう。九〇歳代から七〇歳代くらいです。この章で扱うのは「だいたい七〇歳以上」としておきましょう。なぜならば、「父親と風通しの良いコミュニケーションが可能」と感じる若い世代と、「父親とあまり話してこられなかった」と語る世代では、親子の関係性の基本が異なるような気がするからです。

「父性」あるいは「父親的なるもの」の基本認識が「どうにもやっかいな生き物」というところに、この課題の悩みのトーンがあるような気がしますから、「友達のように何でも話し合えるパパ」という関係性が広がっていった時代で育った人たちには、この話はピンとこないと思います。そもそも、「父さんがネット右翼的な人になってしまった」ことが、「問題なのだ」と思う人と、「え? それって何かヤバいんですか?」と受け取る人とは、前提が異なるかもしれません。

ネトウヨは思想ではない

いわゆる「ネトウヨ」などと呼称される人たちには、右派イデオロギーの明確な、一貫した論理がありません。**彼らの言動は「自分を脅かすのではないかというものへのやや過剰な反応」のように思われます。**「外国人が日本の治安を悪くする」という物言いも、「外国人は危険な気がする」という素朴な不安なのであって、そこには伝統思想も天皇への評価もありません。右翼ではなく、安易なショービニズム（非常に排外主義的な偏愛国主義）です。特定の国の人々への批判も、いわゆるヘイト本と言われる、歴史を無視した一部の反日感情を政治的に利用した挑発的な主張（「剣道はもともと韓国の武道だった」など）を攻撃することで、何かのモヤモヤを晴らしているだけなのでしょう。

「日本はアジアを侵略したのではなく解放したのだ」という、もう歴史学者による否定的評価と結論が出ている主張を今更ながら言っているのも、「日本だけがなぜ責められるのか？」という被害者意識の表現です。そして、自分は「純粋な日本人である」という謎の前提から、「自国を悪し様に言う者たち＝サヨク」とする凡庸な図式に乗って、「どうして自分の国の悪口を言うのか？」という不満を表現しています。「自国を愛するなら自国を悪く言うはずはない」とする、驚くほど素朴なロジックです。

しかし、そういうお父さんが、昔からそんなことを言い続けてきたかと言えば、必ずしもそうではありません。最年長世代なら「終戦時が思春期」で、幼少期とは真逆の教育を受けた彼らは二〇代の労働組合員として、六〇年安保闘争の時には国会南通用門前で座り込みをしていたりします。東京都民ならその後の高度成長時代には、社会党と共産党が支えた「美濃部革新自治体」などをたくさんの人が支持しました。

そうしたかつての左派的志向性や物言いとの違いから、「父さんは老年となって右派に転向したのだ」と判断する人がいますが、それはあまり当たっていないと私は考えています。なぜならば、ネトウヨ化したと思われている今の物言いの「日本」とか「日本人」の部分を、「ここまでニッポンを支えてきた私」に入れ替えてみれば、それは日本の擁護ではなく、**「自分が今不当に扱われているのではないのか」という不満と不安を表している**としか思えないからです。

それよりも十歳若い世代は、戦後民主主義の時代に物心ついた人たちですが、新憲法ができたからといって世界はデジタル的に変わることはありませんから、古い価値観を必ず内包しています。それは、先行世代と同様に、「自分と国家（ニッポン）とを重ね合わせて世界を見る」という心理的習慣です。これは「ジャパン・アズ・ナンバーワン」と言われた一九七〇年代末に就職をした、もう十年若い世代にも共通するものです。戦後復興、戦後の終焉、そして経済大国ニッポンと、それを表す言葉は異なっていても、そうした激動の時代において「日本人の運命」という括りと自分の人格形成とを連動させがちだということです。「ニッポン＝俺」なのです。

興味深いのは、各世代において「前のめりのナショナルな感情」が各々異なったイベントとともに心身に刻みつけられていることです。その時起こった国民的イベントはいろいろですが、そのことの意味づけを「自分とニッポン」というふうに重ね合わせてしまいます。例えば、「高度成長」や「石油ショック」といった政策の話においても、必ずしもみんなが自民党支持者というわけでもなく、共産党に投票しつつも愛国的な考えを持っていたりもするのです。

例えば、昭和ヒトケタ世代は、終戦時の「飢えの記憶」が、その後の人生に強い影響を与えました。安保反対運動時の心根にあったのは、「また戦争になって、またお腹が空く人生になるのか」という不安でした。若い労働組合員は、飢えから解放された戦後の生活を守りたい者たちであって、その意味で「生活保守主義的ナショナリズム」のニュアンスが濃かったのです。

次世代もその次の世代のお父さんたちも、そのような基本的にはナショナルな感情を基盤に行動したのではないかと私は思っています。幼少時の軍国少年的憧憬、安保時代の愛国的反対闘争、そして東京五輪の「円谷《つぶらや》がんばれ」、高度経済成長、ジャパン・アズ・ナンバーワンと、常にナショナルな感情に支えられていましたから、今、覚えたてのSNSを駆使して主張している排外的なテイストの「ニッポンが脅かされている」という主張は、転向どころか実に一貫したものだと思わざるを得ません。

「俺たちはこうやってニッポンを支えてきた」

このような年輩男性にとって、自分を取り囲む世界はどのように見えるのでしょうか？ メディアで報じられる出来事、その扱いは自分たちが育ち生きてきた時代のそれと実にかけ離れたもので、戸惑いを隠せないでしょう。おかしな時代になったもんだと。

まず人間の基本の幸福観が異なります。なぜならばお父さんたちは「とびきりの抜きん出た才能もない平凡な人間は、普通に結婚をして子どもをもうけて、人に迷惑をかけないように過ごして、何かの形で世間様にお返しをして慎ましく暮らすべきだ」と思っているからです。

幸福観は個人の判断次第なのだという、今日の価値観には、「若い時はそのように考えるものだが、結局ほとんどの人間は自己実現などという夢みたいなものでは人生は立ち行かないことに気がついて落ち着くものだ」という、「自分はどうってことのない人間だが、真面目に仕事をして、家族を路頭に迷わせることだけはしてこなかった」という己の人生航路をプライドにした理屈を差し向けます。

この幸福観とその内実たる日々の生活は、家事と育児を両方こなす「嫁さん」の存在が前提ですから、フルタイムワーカーとなって、へとへとになって、帰りの遅いツレアイの低機能を呪いながら育児もしている現代の女性とは「家庭内での女性」のイメージが完全に衝突します。

「どうして同じように会社で働いているのに、母親だけが家事も育児も過重に負担しなければいけないの?」などの不満が娘から漏れ聞こえれば、「だからオレは言ったんだよ。無理して外で働かなくてもいいじゃないかって」と、まったくもって話が噛み合いません。「もうそんな時代じゃないのよ」という言われ方なら、「ま、年寄りはあまり嫌われないようにしないとな」くらいで、この価値観の相剋をぼやかせますが、「しょうがないわね。昭和の化石だからね!」などと捨て台詞で言われようものなら、スイッチが入ってしまいます。

教育をつけてもらって、まっとうな暮らしをできるのは、我々の血の滲むような努力があってこそだろう。オレと母さんは、体があまり強くなかったお前の命を四六時中心配してここまで生きてきたんだ。今の自分が、そういう人間の苦労の基盤の上にあることを忘れるなら、バチが当たるってもんだ。男は家を出れば七人の敵と戦わなきゃいけないから、ちまちました家事や育児にかまけていたら良い仕事ができないのだ。女房がしっかりと家を守ってこそ、男は仕事に専念できる。でも土曜日が半ドン(半日勤務のこと)でなかった時代に、疲れて一日中寝ていたいところを、お前たちのためにハイキングに行ったり、水族館に連れて行ったり、さんざん家族サービスもしたんだ。そういうことを全部「昭和じゃん」と否定されたら、こちらも立つ瀬がないってもんだ。

これらは全部嘘のない気持ちなのでしょう。しかし、五〇年くらい連れ添ったお連れ合いさんから言わせれば、ところどころが不正確で、都合よく「艱難辛苦《かんなんしんく》を乗り越えた物語」にまとめ上げられていると感じます。

四六時中命の心配をしていたと言いますが、娘が中二の時に盲腸になって手術する時に「部長の息子さんの野球の試合の審判」を買って出たりしていました。七人の敵と言うけれど、半官半民の会社だったから、役所の護衛船団に囲まれて楽な商売をしていました。皿の一枚も洗ったことはなく、「男子厨房に入るべからず」などと根拠不明の理屈を押し通し、子どもの運動会に来たのは六年間で二回だけで、ハイキング行ったって「疲れた、疲れた」と言って、高尾山の頂上で「お前はちゃんと勉強してるのか?」などとトンチンカンな言葉がけをして家族を白けさせ、口癖は「誰のおかげで飯が食えると思ってるんだ!」でした。あの頃、私や子どもたちがどんな気持ちで暮らしていたのかなんて、一つも覚えていやしません。「男は仕事だったんだ」です。

否定され続ける自分の価値観

幸い長生きをして、次世代の者たちと暮らしていますが、自分の時代に使われていた、今ではＮＧな言葉を口にするたびに批判されます。お連れ合いさんの姪っ子が結婚するというので挨拶に来るとなると、「子どもは早めに作らないといけない」とか、「仕事をしている男が分娩に立ち会うなどしないものだ」とか、「子どもは三人は作っておかないと」など、悪意もなく口から出てしまいます。そしてその度に「マジあり得ないから」と文句を言われ、「やっぱり女の幸せは結婚だよ」と可愛い姪っ子の成長を喜んでいるのに、「結婚だけが女の幸せとか、もう石器時代かよ」なんて馬鹿にされます。「可愛い姪っ子の幸せを祝福するのがどうしていかんのだ？」と言えば、「そういう微妙なこと（妊活や出産など）は触れないの！」なんて、また叱られます。

昔はよく読んでいた朝日新聞や毎日新聞も、女性解放、差別や格差を問題にし、隣国の狼藉《ろうぜき》に対しても「対話を」などと、いつまでそんなに戦争に負けたことで惨めったらしく謝り続けなけりゃいかんのだという気になるほど、過去の否定と悔恨の見出しばかりに見えます。

子どもが小さかった頃の懐かしい記憶は全部過去のことで、「あの頃は、今みたいに文句も言われず良かったなぁ」などと愚痴をこぼす場もありません。どうして、ああやって暮らして生きてきたことが、こんなに否定されなきゃならんのか？　モヤモヤしながら、それを吐き出す場所を探していたのです。

そして彼らはついに見つけたのだと思います。そういう気持ちを全部晒しても誰からも非難されず、非難するものは「ブロック」してしまえば、「そんな奴は地上におらんのだ」とすることができる場所を。そうです。**SNSワールド**です。ここは本当に居心地が良いところです。与党の差別丸出し発言ばかりしている女性議員のツイートだって、「さほどおかしなことを言っているとは思えん」から、それに罵詈雑言を浴びせかける「サヨク」の反応などタイムラインに流れないようにしてしまえばいいだけです。ここでは、オレの正直な気持ちを「そうです！　今、まさにそういう日本人の心が失われていますよね！」などと、自分に賛同してくれる大量の匿名の人たちがいます。そこに行けば、不安や不満を共有してくれるし、何よりも惨めったらしく反省ばかりすることなく、日本人の誇りを取り戻せるのです。

そんなお父さんを改心させることは可能でしょうか？　いいえ、無理です。というよりもむしろ、**「お父さんの気持ちに含まれる、さほど邪悪ではなくうごめいているものを丁寧に探して、可能な限り自分たちの価値観と折り合いをつける言葉をどう用意するべきか？」という問いを立てる**ことが大切です。親は変えられません。でも「関係」は変えられます。

自分と相手の共有地平を探す

言葉を用意する前に、一呼吸おいてやっておくと良いことがあります。それは、自分の持っている「〝ネトウヨ〟イメージの凸凹加減」を、もう一度冷静に確認することです。本項に直接関わる、「亡くなった父と自分との関係」をめぐる心の旅を著した、鈴木大介さんの『ネット右翼になった父』（講談社現代新書）には、このことが正直に示されています。

リード文に近い悩みを持っていらっしゃる読者のみなさんにも必ずあるのが、自分の持つ「ネトウヨ」への悪感情のアクセントの位置です。ネトウヨ的な言説が現れる領域はいろいろあります。「中韓批判」、「社会的弱者への攻撃」、「家父長的家族観」、「女性蔑視」、そして「排外的価値観」などです。女性ならば、中韓攻撃よりも女性蔑視にアクセントがつきますし、友人や身内に障がいを抱える人や経済的に困窮している人がいれば、弱者攻撃には強く反応します。これらすべてを特定の政治家への嫌悪でまとめ上げている人もいます。

このアクセントによっては、お父さんの心根ではなく、ちょっと口にした言葉にこちら側が過剰に反応してしまっていることもあるかもしれません。

例えば、この当事者が娘さんである場合、好きで離婚したわけじゃないし、シングルマザーとして死ぬ気で頑張ってきたのに、「お前の覚悟が足りなかったのだから自業自得だ」なんて言われたら、深い悲しみとともに、「そういうことを平気で言う連中」としてのネトウヨへの不寛容な気持ちも暴れ、それをお父さんに向けてしまいます。

でも、「ネトウヨかどうか」はわきにおいて、お父さんがそれまで自分の連れ合いであるお母さんとどういう慈しみの関係をつくってきたのかを、生活史の場面場面を丁寧に思い起こした時に、「あの父さんをネトウヨとして断罪すること」の大雑把さにも気づくかもしれません。本当は、誰よりも娘の苦境に心を痛めていて、それを昔の昭和の男の流儀として、ああいう言い方でしか表現できなかった不器用さが、あなたのミソジニー的なネトウヨのイメージと重なり、怒りが増幅させられてしまったのかもしれません。

そうだとすれば、「お父さんがネトウヨに洗脳されて困る」というよりも、この話のトーンとポイントは変わってきます。問題は、お父さんの思考ではなく、世代によって支配的であったコミュニケーションのモードの違いが生み出す「親子の積み上げられてきた関係」のあり方だとも考えられるのです。

そうした関係性は、本当に多様ですから、ピンポイントの物言いになるかどうかはわかりません。

お父さん、私は好きでシングルマザーになったわけじゃないよ。離婚した理由が〝お前の腹が括れていなかった〟からじゃないことはわかってほしい。家を出てから、お父さんとはあまり話をしてこなかったけど、こうなったのは元夫のひどいギャンブル癖だったし、結婚する前にはわからなかった。お父さんだって、お母さんのすべてを知って結婚したわけじゃないでしょ？　私がお父さんに言ってほしかったことは、〝自業自得だ〟じゃなくて、〝お前はあの時も頑張って立ち直ったんだから、この次も必ずやり直せるぞ〟だったんだよ。私は、お父さんが困っている人に何度も手を差し伸べてきたことを子どもの頃から覚えているよ。そのことを言いたかった。

という物言いだってあるかもしれません。「ネトウヨはいけない」ではなく、「お父さんが本来もっている優しさを表現する言葉を探してほしい」と伝えるわけです。あるいは、「男と男が結婚するだとか、女同士が夫婦になるとか、そういうへんてこりんなことが横行すると、人類の進歩は途絶えてしまうじゃないか」と言われたら、「少数者差別主義でしょ!」ではなく、こう返す言い方もあるでしょう。

これまでもずっと必ず一定の比率でLGBTQの人はいたの。うちのS男の五年生のクラスにだって、統計上は6%くらいはいることを前提に学校の運営も配慮があるんだよ。昔はいなかったんじゃないの。居たけど「居ないことにされていた」だけ。差別や虐待が怖かったから黙ってたし、辛かったから。でも、それで人類は滅んだ? 滅んでないでしょう? 男はとか、女のくせにじゃなくて、「今、目の前にいる人たち」と幸せに暮らすために心を尽くすのが、お父さんたち人生の先輩のやってきた偉いところなんじゃないの? 私は、そういうふうに一緒にいてくれるお父さんならもっと尊敬できると思うよ。

外国人やいろいろな意味での少数派の人たちとの直接的なやりとりや関係の経験値が低いお父さんは、ネットに転がっている刺激的な言葉をもって、実に観念的な「外国人・性的少数派の人たち」イメージを持っているに過ぎません。でも大切なのは、それを「知らないくせに」と糾弾するのではなく、最後まで、かつての風景を見てきて、そこからものを言うしかない人たちの「悪意のないプライドや気持ち」の余地をほんの少しでも認めてあげることです。

人間は、自分の人生など何の意味もなく、もはやそれは役にも立たない無用なるものだと思いながら余生を過ごすことは辛いのです。「そういう時代だったからな」と話を終わらせる諸先輩方に「そうやって過去も今も正当化しようとしているんだな」と心では思っていても、「自分たちもいずれ老いるのだ」と深呼吸をして、「その時々にできる範囲でベストを尽くしてきたんだもんね？」と肯定してやらないと、お父さんの捻れ、拗ねた気持ちは悪化するだけで、体力や気力があった時代のような柔軟性を取り戻すことはありません。そして、自分自身の悪しき前のめり認知的歪みにも気がつくことができません。

まずやるべきことは、「ネトウヨ認定の精度を上げる」ことでも、「ネトウヨ言説を抹消して逆洗脳をする」ことでもありません。**お父さんたちが、「何を手放してしまうことに不安を感じるのか」に焦点を当てて、他ならぬ自分との、世界で一つしかない関係性を、どう再構築するべきなのかをゆっくりと、丁寧に考え、話し合うことです。**

価値観を大きく異にする人たちと、どうやって折り合いをつけて「今の幸福」に結びつけるかは、どの時代にあってもすべての大人の宿題なのです。でも、私はそこに必ず何らかのヒントが隠されていると確信しています。そして、それを見えなくさせているのは、多くの場合

「自分」であるとも思っています。

実践編
第2章

「男なら泣くな」と子どもを叱る夫に言いたい

私たちはアラフォーの夫婦だが、夫が息子に対してちょっと厳しすぎると思うときがある。息子が泣いていると「男の子なのに泣くのは恥ずかしいよ」と言ったり、家のなかでゲームをしていると「男の子なんだから外で遊んで体を強くしたほうがいい」と言ったり。

いまや、性別を理由にして「こうすべき」なんて物言いは時代遅れだと思う。自分は「女の子なんだから」としつけられてきたけど、嫌な記憶として残っているし、自分の子どもにはそんな思いをしてほしくない。それに、「男の子だから」「女の子だから」という意識が息子のなかに根づいてしまったら、大人になってから性差別的な言動をするようになるかもしれない。

でも、夫が「男の子なんだから」と言ってしまう理由もじつはわかる。彼もこれまでに、泣いていれば「恥ずかしい」と笑われ、屋内にいれば「体を鍛えろ」と圧をかけられてきたんだろう。そういう社会が現実にはあって、息子もその社会に入っていかなきゃいけないのだから、子どもが深く傷ついてしまわないように先回りしているんだと思う。その気持ちもわかるからこそ、「その発言はおかしい」とは言いにくい。

そうなってしまったカラクリ

私も、昭和三〇年代に生まれて、「男なら」「女らしく」という言葉の洪水を全身で浴びて、まさに軍国主義教育を受けた昭和一ケタの父親たちからほぼ「洗脳」された人間です。二五歳で家を出るまで、四半世紀「鋼のような強い男にならねば、おばあちゃんと母さんと妹を守ることができない」と、かなりいびつな努力をして生きてきましたから、その縛りは大変強いものでした。

そして、そのいびつさは容易に反転して、「弱きもの＝別カテゴリーの者＝サブ・ストリートを歩む者＝社会的へゲモニー（主導権）を持たない者」となり、女性と対等な地平で生きているという原点を忘却することとなります。そうやって、守らんとする者たちをどこかで蔑ろにする生活生理を身につけてしまうわけです。考えなくてもそう行動する生活生理となることを「身体化」と呼びます。

ですから、リード文のお連れ合いさんが息子さんにそんな言い方をすることに対して、心情的にはあまり強い違和感がありません。人生前半の四半世紀の間、そういうふうに言われ続けてきたため、「強くなって弱きもの（女性）を助けよ」という規範が身体化してしまっているからです。もちろん、脳内、理性では「男の子だって泣くし、泣いちゃいけないわけじゃない。それは性差とは関係がない」と完璧に理解しています。実際に、映画やドラマを観て、人と話していて涙腺が緩むことが多くなっています。子どもの前でも落涙します。ドラマ『虎に翼』なんて泣きっぱなしでした。

このように、私の場合は比較的わかりやすい「強い権力」（父親や世間の男性の物言い）によって、躾《しつけ》がされたという経緯が浮上します。だから、犯人探しをすれば、私を洗脳した人々は「父親世代を中心とした男尊女卑的考えを持った者たち」とすることができます。実際に、諸先輩方はいまだに若い女性に「女の人は子どもを産んでこそ真の人生を理解するし、それでこそ一人前だ」などと即NGなことを言いますから、「ああ、そういう時代の古い価値観を持った人たちに言われ続けて、女性を重んじないセンスを身につけてしまったんだなぁ」とわかります。

意図を超えて働いてしまう力学

しかし、人間の行動を左右するものは、そうしたわかりやすい犯人（失礼！）の意志とそこから生まれた行為と権力（言うことを聞かせる力）だけではありません。思想家のミシェル・フーコーは、制度や構造になっていない、誰かが保有しているものでもない、ある社会に歴史的に生まれ存在し続けている「状況」のようなものがあると指摘しました。そこで人々は何かの意志をもって当初は行動するけれど、そうでなく、意図もせず、意識もしないで、そういう状況をつくり出してしまう場合があり、それに自分たち自身が拘束されてしまう「何らかの力関係」を、いまひとつの「権力」と考えました。

こういう「意図も意識もしていないものを自身でつくり出してしまい、それに拘束される」という説明は、宗教改革者たちのプロテスタンティズムのもつ「世俗内禁欲」(自分が神によって救われるか否かという損得を外して神をひたすら愛する)が、結果的に資本主義の爆発的生産力をつくる精神基盤となるといった歴史研究にも見出せます。これは社会学者マックス・ウェーバーが指摘したことですが、同様の考えは、ニーチェやフロイトといった哲学者や精神分析の考え方にも垣間見られます。

そう考えると、私よりも若い世代である、私ほど露骨な男尊女卑を植えつけられた世代でもないお連れ合いさん(個人差、地域差はもちろんあるでしょう)が、息子さんにかけている言葉も、あからさまの差別意識や歪んだ教育から生まれたものではないような気がするのです。今の子育て世代だとすれば、私よりも干支が一周り以上も若い方々でしょうから、その言葉「男の子なのに泣くのは恥ずかしいよ」や「男の子なんだから外で遊んで体を強くしたほうがいい」も、半分は先行世代に言われたことかもしれませんが、もう半分は「不特定多数の異文化背景をもつ人々のいる空間(社会)に放り込まれた時に必要となる各種の耐性を準備しておくべきだ」

という、まさにあなたが考えた、お連れ合いさんの息子さんへの愛情を根拠にした物言いだったのかもしれません。

しかし、「状況」という名の力学を考えれば、まさにお連れ合いの善意と愛情こそが、この世の不均等な社会関係（女性がきちんと対等に扱われていない）を「悪意のかけらもなく」維持し、守ってきてしまっているのかもしれません。件《くだん》のフーコーは、例えば戦争などを通じて、人々を戦場に動員して、国益のために命を捧げさせ、奉仕と戦闘を強要する暴力的な国家こそが権力ということではなく、医療と福祉を通じて人々の人生プロセスに恒常的に介入し、健康とウェルビーイングを提供することで国家の存在を「身体化させる」もの、すなわち「生の権力」なのだと言っています。奪う国家ではなく、逆に健康と長寿をもたらす国家権力のイメージです。そこには、剥き出しの悪意や暴力性はありません。人生や身体の中に分け入って人間を状況の中に溶け込ませてしまう力学がそこにあります。

これを下敷きに考えれば、もしかすると息子が健全に、強く、逞《たくま》しく、社会を担う人間になるように言葉を与え鼓舞し励ますことが、どれだけの愛情の基盤によってなされようと、そういう人間像が社会的に積み重なって、「健全な社会人モデル」の生成に結びついてしまっている可能性もあります。そこに悪意も暴力的な要素もねじれたハートもありません。ひたすら息子を想う愛情が見えかくれしますし、それこそが親としての尽力のダイナモです。

古い価値観を表す言葉やそれに対する反応は、わかりやすく残ります。「自分たちはそうやって生きてきたんだ」という人たちが実在する以上、彼らの言葉や立ちふるまいから後続世代が完全にイノセンスを維持できることはありません。

でも、それが理由ならば、さほどの努力は必要ありません。社会は、メンバーをごっそりと取り替えることができない空間ですから、時計の進み具合と連動させながら、少しずつでも価値観のトーンを変化させていくしかありません。難しいのは「身体化されてしまったもの」をどうほぐすかなのです。

発言の根っこにあるもの

だから、新しい価値観を抱える社会への移行を可能なかぎり「分断」を生まないように継続させていくためには、あなたのようなお連れ合いさんに対する賢明かつ想像力をともなった受け止め方は、非常に大切なものだと思います。

子どもの成長を考えるときに、人間がこの社会でサバイブするためには、無菌状態の中で、ピンセットで科学的栄養を補給させるようなやり方で子育てをしても、立ち行かなくなるだろうことは容易に想像できます。雑菌にやられて、大中小の免疫を自ずからつくり出し、生理的に外部と闘い続けて頑健に成長していくように、多少の軋轢や葛藤やハレーションでは挫けない、胆力のある人間になってほしいと思うでしょう。だからお連れ合いさんは、「泣くなよ、外で遊べよ」と言ったのです。そして、それが愛に支えられていることが、あなたには理解されています。

もしそういうことでしたら、お連れ合いさんはあなたが「そういう言い方はやめてほしい」と言ったときに、まずは「女は黙ってろ！」などとは言いますまい。もしそういう天然記念物のような人なら、そのときには言い方は変わってきます。「黙っていろとは、どういう意味でしょう？」と、静かに、トーンを変えず、粛々とかつ確実に「お尋ね」するだけです。これはもう話し合いではなく、基本的には「今のは聞かなかったことにして差し上げますから、お取り消しください」とだけ言い続けて、それが理解できないなら、もう共同生活はおやめなさい、となります。

しかし、相手が子どもに対する愛情と心配を基本とする善意に依拠しているならば、何とかして「その善意は、あなたの本意を超えて、子どもや私に対する暴力的なものへと転化してしまいますよ」ということを、「相手のもつ善良な愛情基盤を承認していること」を不可欠なものとしながら、その「心根」ではなく「立ちふるまいの技法」の話へとリフレーミングして伝える必要があります。そのためのワード・チョイスが問われています。

言葉を用いて身体化させる

「その考えはおかしい」という言葉にしてしまうと、彼がもつ善意と愛情が藁《わら》に包まれて捨てられてしまいます。「おかしい」のは、彼の「考え」の中の、「社会的耐性をある程度育てないと、見知らぬ人ばかりの社会における協働の最中に起こる葛藤やハレーションの処理に大半のエネルギーを奪われてしまうから、自律的かつ自立した生活を築きにくくなる」という論理ではなく、それが無媒介に「男なんだから」とジャンプアップする部分にすぎません。ある程度の社会的葛藤の耐性をもっていることの必要性は、性差とは無関係だからです。

だとすれば、物言いは「全思想、思想の根本、思想の持つ本質」などという部分に触れる必要はありません。もし彼が「心根から」女性を劣性なる生物と頑なに決めつけているわけでないなら、「本質理解が言語を絞り出させる」という、実はものすごく打率の低い目標を掲げるのではなく、「良き言霊《ことだま》を使う頻度を上げることで、言霊の発声源である身体を変えてしまう」というやり方のほうが、効果が高く、実践的です。**言葉で身体を表現するのではなく、言葉で身体を変えてしまう**ということです。「男だからっていう言い方はダメだよ」ではなく、「はい、そこは〝男も女も〟と言い換えようか」と提案したり、「みんなと力を合わせて生きていくんだから（つまり「協働を担う元気な人になってほしいから」）」に続けて、「外に出ていろいろやってみようか」と言い換えて、後でこっそり「そう言ったほうが、この子が前向きになると思ったよ」などと説明して、あくまでも「一緒に」ポジティブな言葉がけを実践しようと呼びかけた方が、**ある有難い機会**が増えるのです。

それは、「今の言い方は本当に良かった！　子どもの顔見て。いい顔になってる！」などと、「あなたの愛情がいい感じで伝わったね」と肯定する機会です。「その言い方はいかがなものか？」ではありません。「その言い方がいいよね」です。「それは違うよ」はグッと堪えて（あまりワカランチンだったら、その時は「ちげぇよ！」と冷たく言ってやりましょう。こっちも人間ですから）、「その『男の子なんだから』のところを『悲しい時はお父さんだって泣くけど、泣かなくてもお父さんに助けを求めることはできるからね』とかに変えると、グッとよくなるよね⁉」なんて、「こうするともっと良くなる」話法に変えるのです。

なにしろ愛情に依拠して、息子を心配して言っているのですから、その気持ちを否定されるような言葉が返ってくると心がクローズし始めます。それなら、「自分の気持ちを息子に伝えるために、本当によく工夫して頑張ってるよね」と言うほうが、何十倍ものポジティブな力を引き出せるでしょう。どんなことだって、肯定されればやる気が出るのです。

半径五メートルの工夫と技法

男の人も、女の人も、誰が言い出したかもわからない謎の「らしさ」に呪縛され、がんじがらめになってしまいます。そしてその「らしさ」を狡猾に利用する人たち、それと「そういう状況になっているというぼんやりとした認識」というカラクリのせいで、不当に扱われてきた女性たちになおも負荷がかかり続けます。その「状況となってしまった〝らしさ〟」の空間位相に自分が居て、それが自分にたまたま有利に働いていることに、とりわけ中高年男性はむき出しの悪意などなく、本当に無自覚なのです。その「ワカランチンぶり」に臍《ほぞ》を噛んできた多くの女性は苛立ちを持つでしょう。

そして、一部のありがたい人たちは、「それは不当なことです」、「それは不条理な扱いです」と勇気と気概をもって主張してきました。その数は、一〇〇年のスパンで考えればどんどんと増えて、世界に対して「ここに課題があるのです」と問題を喚起し続けています。その毅然とした主張には、社会はきちんと応えねばなりません。そして数々の理不尽を解決する支援が必要です。

しかし、グローバルなエリアを席巻するうねりのような問題設定であっても、生活圏で起こる、本当に半径五メートル以内で起こることであっても、「そうそう言えない」と思うなら、それは勇気がないとか気合いが足りないとか意識が低いということではなく、「その場を生きる者」として、丁寧に、そして日々培った暮らしの優れた知恵を動員して、「言って」みたり「言わせて」みたりして、工夫をすれば良いのだと思います。そのためには、千万の勇気も、人民から喝采の嵐を受けるほどの偉業も要りません。

目の前にいる、憎からず思える人の最良の何かを引き出すための、工夫と技法に思いをはせれば良いのだと思います。

実践編
第3章

マンション管理組合の長老に「話を聞いて」と言いたい

住んでいるマンションの管理組合で、同じマンション内の人に頼まれて「会計担当の理事」になった。七人くらいで運営する理事会が月に一度、開かれるのだけど、年配の理事長となかなか議論ができない。共働きの家庭も多く、アマゾン用の置き配用ポストを敷地内に置こうと要望があって提案したけど、「そんなものは要らない」と即却下された。退職後の悠々自適の暮らしだし、宅配の注文なんかも慣れていないから、知らないようだ。

組合員が担当してきた共有部分の草むしりの負担が重いので、それを外注しましょうと言うと、「このくらいは自分たちでやるものだ」と反論されて、みなさん黙ってしまう。少しでも疑問を示したり、やり方を変えようと提案したりすると、感情的になってすぐに大声を出すし、高圧的なので他の理事も萎縮している。総会になるともっとひどくなる。

いつもエントランスや共有部分の掃除などをしてくれる管理人さんにも当たりが強いらしく、頻繁に辞めては新しい人が代わりに入ってくる。そして、当の本人は組合長の座をかたくなに譲るつもりはないらしい。もう少しほかの住民の都合にも歩み寄ってほしいのだけど、そもそも議論ができないので困っている。言いたいのだけど、相手がちゃんとやり取りする気がないので、言えない。

高齢化社会のおじさんたち

高齢化問題は、思いがけないところに現れます。高齢社会化が生むのは、働き手が引退して現役メンバーが足りないという問題だけではありません。「はやく引退してほしい人たちがなかなか辞めない」という問題もあるのです。ひどい言い方だと「老害」となりますが、それは「やがて行く道だ」という人間の謙虚さを失った物言いなので、「共同社会のメンバーの社会的経験値の振り幅が広くなった時代のコミュニケーションの工夫」と問題を言い直します。

退職して暇なおじさんは、(個人差はありますが) とにかく今を生きている世代の人たちの幸福の着地点というものに考えが及びにくく、人によってはそこに寄り添うことがなかなかできません。これは個性だけでなく、高齢化による体力低下が原因で「堪え性」がなくなり、他者の生活や気持ちを想像する余力がなくなるからです。これは皆さんも「やがて行く道」です。

彼ら自身の今の気持ちは、「もはや自分のことになんか誰も関心を持ってくれはしないのだろう」という若干拗《す》ねた不安感と、「自分はずっとこうやって立派に勤め上げてきたのだ」というプライドがセットです。プライドの基盤が過去にしかないので、自分が一角《ひとかど》の人間であることを示すための残されたわずかなステージが、マンション管理組合の理事長なのでしょう。彼らに共通するのは「長」と名の付く役職が大好きなことです。世界の風景の下敷きとして認識しているのは、「ピラミッド型」であることがほとんどです。

そして、これは大切なことなのに見逃されてきた点なのですが、退職して時間がたっぷりあるおじさんたちは、かつて「モーレツ」サラリーマンなどと言われた世代か、その残り香のある風を受けてきた人が多く、民間企業で働いてきたとすれば、**基本センスとしての「民主的運営」が身体化していない人が多い**のです。なぜならば、この世の企業と呼ばれるもののほとんどが、民主的組織ではなくて、「権力組織」だからです。飛躍的に経済発展していた時代に民主的に企業運営などしていたら、他社に寝首をかかれてしまったかもしれません。上司にたてついた跳ね返り人間は、正しいことを遠慮なく言って、左遷されます。

これは正邪の話ではなく、おじさんたちがもつ人生観の振り幅の話です。彼らには猛烈に働いて競争に勝ち抜いて、事業を拡大させ発展させていくための人員と資金の最適配分をどうするかという問いの立て方しかありません。ずっとそうやってきたし、そういう組織運営以外を見たことがないし、身につけてもいないのです。

その点で言えば、「そういう面倒なことはお前がやってくれ」と奥さんに押し付けてきた地域の活動（町会、PTA、その他）は、利益私益絶対目標の競争世界ではありませんから、広義の社会教育の視点で見れば、「なるべく多くのみなさんが納得するやり方で物事を進めていく」というハートや技法を身につけやすい活動なのかもしれません。でも、企業戦士だったおじさんにはそれが希薄です。複数の世界の風景を見なければ、多様な人たちと協力しながら生活することはできません。

彼らは酔っ払うと、「企業運営」や「組織の役割」なんかの話を延々と続けますし、四〇～五〇代で管理職になった後は、ビジネス書をたくさん読んできていますから、常に一家言ありです。そして、いつも「企業モデル」が基準になってしまうのです。でも自分が経営者として華々しいリーダーシップを発揮してきたかといえば、それほどでもありません。だから話は観念的となりがちで、自ずと強引な物言いになります。

まとめると、体力や気力が低減する退職後に、働く以外にあまりいろいろとやってこなかった人たちは、自分がもう顧みられる存在でないことに寂しさを持ちながら、それをなんとかしようとして、地域のささやかな権力や役職にしがみついて、心を一つにして軍隊のように上意下達の習慣が染み込んだ企業のロジックで、生活圏の運営も力ずくでやってしまうのです。

昔は、八〇を過ぎた老人は「生き仏」なんて言われるくらい珍しい存在でしたが、今や「ま、とりあえず八〇歳までは仕事して」なんて言っています。そりゃマンションの運営管理をめぐって、各種のハレーションは起こるわけです。

今ここにいる普通の人たち

そもそも、企業人目線以外で人間や集団をとらえる習慣が希薄な人間は、他者を「個人」として見ていません。私の言う「個人」とは、目の前にいる、世界史に一度しか登場しない、取り替えが効かない、かけがえのない人間という意味です。もちろん、理事長おじさんもそういう基本的なセンスがないとは言いません。でも、多くの場合、人を「地位」だとか「社会的属性」のようなもので、自分のピラミッド型人間分散図会の中に、必ず一度位置づけをしてから立ちふるまいを決める場合が多いのです。

自分の娘ぐらいの四〇代の女性で子育てに苦労している人などには、昔のイメージと基準ばかりを動員してきて、「男の仕事というものがよくわかっとらん、子育てしかしてきていない世間知らず」と決めつけるでしょう。「あんたみたいな話のわからん女の人じゃだめだ。ご主人と話をしたい」などと、驚愕するようなことを平気で言ってきます。マンションの運営みたいな話は「女子どもじゃちゃんとした話にならんのだ」くらいに思っています。女と子どもをセットにしてしまう昭和モード全開です。

会社勤めをしている子育て世代のパパについては、まずは「どんな業種の、どんな会社の、どんな地位にいるのか、できれば出身大学なんか」を知りたがります。それが、自分の現役時代の勤務先よりもグレードが高く、取引額も違うとわかり、若くして管理職だったりすれば、話し言葉も微妙に丁寧になったりします。要するに「大企業の役付きで、トーダイ出てる」なんてわかったら、急に愛想がよくなったりします。身体反応です。

他方、聞いたこともない中小企業で苦労していることがわかると、急に「元上司」みたいな顔つきになってきて、飲み会で「企業てぇもんはそんなに甘かぁないんだよ」なんて説教を始めたりもします。若い人の話などちゃんと聞きはしません。常に言葉を遮って否定から入り、最後は「四〇歳の時にやった大きな取引」の成功話みたいなものを、無粋なことに生活圏の飲み会でやってしまうのです。要はセンスがないんです。仕事以外何もやってこなかったから、文学や演劇の話などの引き出しがないのです。

話をわかりやすくするために、ちょっと酷く描きすぎたかもしれませんが、結論はシンプルです。要するに、彼らは心根は決して悪くはない「普通のおじさん」なのです。私たちの世間に大量にいる善人です。嫌味で言っているのではありません。こんな社会で、あんなふうに働いてきて、そんなふうに今ここにいるおじさんですから、それは「普通のおじさん」ということです。かつ、彼らには「悪意のひとかけら」もありません。特別な人間では決してありません。そこは、この話に少しでも解決のヒントを見出すための大前提です。

生活エリアでの自治とは何か

本節のリード文にあったポイントをもう一度整理すると、話ができないおじさんのポイントは、「今の生活様式を理解できない」「人の行動やその規範を企業生活からしか引き出せない」「老後の不安を封じ込めるための地位にしがみつく」の三つになります。

「アマゾンだか、ニューギニアだかよくわからんが、なんでも届けてもらうという風潮が人間をダメにする」などと人の道を説こうとするのですが、要するにインターネット上の取引や商売は全部「オレたち老人から金をひっぺがそうとする悪巧み」と警戒していますから、ネットで注文して荷物がマンションまで届くという経験をあまりしていません。

でもこれは比較的問題解決しやすい部分です。なぜならば、くたびれた体で大きな街の百貨店や専門店に行かなくても、マンションまで「空気清浄機」が届くという、劇的に便利な経験を一度してしまえば、すぐに慣れてそのうちに風呂場のカビ取りスプレーまで自分で注文する日が来るのは間違いないからです。なんだったら、パソコンの画面を一緒に見ながら、なんか注文して差し上げたら良いでしょう。

大変なのは、二番目の問題です。人間の行動ルールや道徳を過去の企業生活以外からは導き出せない脳内習慣がある以上、「草取りを外部発注する」と聞けば、「そういう汗かき仕事は、下っ端のまだ仕事もろくにできん連中が修行の代わりにやるもんだが、アタシのように暇な老人が今はやっているんだよ。本当なら、若い連中が奉仕活動として、やってもらいたいくらいだ」なんて思ってしまうのでしょう。むこう三軒両隣まで「お互い様ですから」と奉仕して掃除をしておくのが世間様のルールってもんだと思えば、それをわざわざ（年金から工面した管理費を使って）外注するなど無駄だとなります。

しかし、この令和の時代にマンション住人が日曜日に総出で草むしりをするなどということが、そうそう簡単に実現しないことは、老若男女入り乱れて暮らしている風景を考えればわかるはずなのです。でもこの「いろいろなライフスタイル」というところが、彼らにはわかりにくいのでしょう。わかりにくいことには「昔から、そういう時はそういうふうにやってきたものだ」で終わりにするのは、悪意からではありません。**想像力を展開させる心身の体力が落ちてきているから**です。私は、例えば五〇世帯のマンションの住人二〇人くらいが、夕方四時から小一時間だけ草むしりをして、中庭で「お疲れ様ＢＢＱ」かなんかをすれば上等じゃないかくらいに思うのですが、そういうおじさんたちは汗まみれになって「奉仕」してしまいますから、他の住人からすればハードルが高いのです。そして、あまり熱心にやられると「お返ししないと悪いような気がする」という、これまた真面目なモヤモヤが生まれますから、ますます「そういうことは面倒だから、業者に発注すればよくない？」になります。

こういう時にはどうしたら良いでしょうか？　アマゾンの置き配用ボックス設置も草むしりの外注も、それを実現すること自体はさして高いハードルはありません。要するに「そう決めました」となれば、粛々とそれをやるだけだからです。ハードルが高いのは、この二つの案件をおじさんたちに理解・納得させることです。繰り返せば、アマゾンはなんとかなります。でも、草むしり外注は「そういうものは身を削って奉仕するものだ」という規範を住人が共有できない以上、どん詰まりになります。

何を決め事とするかを決める

この時、通常の手続きなら何をしなければならないのかは、理屈上は明らかです。まずは住人が自由に参加できる「意見交換会」を開催して、そこで出てきた案件を、あまり角の立たない選択肢として「理事会」がつくり上げて、それを「総会」での議論、そして議決に持ち込むというのが常道です。

しかし、この案件からすると、「辞めない高齢理事長」がまずこのアマゾンと草むしり外注を「管理組合で扱うべき事案」として受け入れるかどうかというところで、早くも暗礁に乗り上げているようです。共同社会における自治運営において、この問題は政治学の言葉で表現すると、「**アジェンダ・セッティング**（agenda setting）」となります。つまり、「何を議論すべき論題とするかを決める」というプロセスが必要なのです。

この「それってここで議論する案件？」問題は、見過ごされがちですが、実に重要です。なぜならば、民主的運営においては、「アジェンダ（論題）として扱われなければ、『そんな問題は地上に存在しないもの』とされる」という冷酷な原則があるからです。つまり、いろいろな**問題や課題は論題としてセットされて初めて「存在する案件」になる**ということなのです。だから、この「アジェンダを決める」プロセスは、合意形成の運営の肝と言ってもよく、このプロセスを支配できれば、集団全体をコントロールできるかもしれません。

「日本の国会で一番影響力の強い役職は何だと思う？」と学生に尋ねると、「やっぱ総理大臣ですか？」と素朴な反応がありますが、内閣の足並みを揃え、「政府提案の法案の取りまとめ」をめぐって生ずる大中小の揉め事や対立を着地させ、必要なら出向いて「首相自ら頭を下げる場面」すらある……などということを念頭におけば、総理大臣などバランスをとる苦労ばかりで自分の方針などほとんど貫けない立場かもしれません。

そんな中、表舞台には立ちませんが、隠然たる、確実なる影響力を発揮しているのが国会のいわゆる「ギウン」すなわち議院運営委員会と、「コクタイ」つまり国会対策委員会です。一〇〇を超える法案を各々の院で各種常任・特別委員会の審議にかけ、案件に応じて審議・質問時間を与野党に配分し、会期という条件の中で、アートと呼びたくなるような手腕で、一つでも多くの法案を採決に持ち込ませるためのスケジュール、人員、法案の優先順位などを実質的に左右する立場は、総理大臣ではなく、議運と国対の幹部たちなのです。

マンションの管理組合の運営においても同じです。おじさん理事長は、「どんな決め事も、全部自分が首を縦に振らないとできない」と決め込んでいます。こういう集団の運営に、若い人たちが対抗できるだけの自治運営の経験と知識があるかといえば、それは皆どんぐりの背比べです。だから、「何を議題として扱うかを決める」決め事まで全部自分でやろうとする理事長の勢いと押し出しの強さに対抗できず、思わず「波風がマックスになったらヤバい」と忖度して、「そうですかぁ。困りましたねぇ」などとして、問題を先送りにしてしまうのです。フォーマルなルールも、インフォーマルな技法も、どちらも未成熟です。

管理組合規定は独裁を許していない

でも、マンションの管理組合には法律で枠付けされた規則集というものがあります。そしてそこには、主要なアジェンダを扱うための「機関決定の道筋」というものが書かれているはずです。もし、それがあるのに理事長独裁が横行してしまうならば、それは会則が不適切か、それに乗じた個別の人間がそのルールを捻じ曲げて、組織を私物化しているかのどちらかです。

注目する点はたくさんありません。あまりに細則をつくり上げてしまうと、生活圏の共同運営の柔軟な対応がしづらくなって、四角四面の融通の効かない話になってしまいますから、2点に絞るべきです。第一に、「何を論題とするかを決める（アジェンダ・セッティング）」場合の手続き、決め事の流れを「どの機関（意見交換会、理事会、総会）で発議するのか」というルールを決めておくことです。

第二に、波風を立てる危険は避けられませんが、どうしても必要なことは、役職者、あるいは役割分担（人事的なるもの）に関する「メンバーを交換・交代・辞任・罷免させるための手続き」をきちんと決めておくことです。機関決定の手続きについては、おおよそ多くのマンションの管理組合規定には書かれています。しかし、「辞める、辞めさせる」といった決め事としてストレスフルなことについては、あまり使い勝手の良いルールが用意されていない場合が多いでしょう。日本の政治においても「政治家として無能ゆえ即刻職を辞するべきだ」という世論がどれだけ高まっても、「政治家の進退については外からとやかく言うことではない」などという謎の慣わしもあり、私たちの社会はそういう問題をルール化させることに臆病になるきらいがあります。遺恨となるからです。

しかし、民主的運営は、「人間は有限な生き物であり、世界は無限であるから、不完全情報のもとで決断をせねばならない人間は必ず誤りを犯す」ことを前提にしています。だから、権限をもった人間がメンバーの意見を聞こうとせず暴走したら、適正手続きで「お辞めくださ い」という決め事をすることは不可欠です。

厳しい言い方になりますが、もしルールが不適切なら「他のマンションで通常なされている運営ルールにしましょう」と、全住民に呼びかけてみることから始めるしかありません。理事長を攻撃する文体ではなく、「こうするとみなさんもっとより良い生活になりますよね？」とポジティブな表現をすることは、「そうそう言えない」人たちにもギリギリでできることです。「あの人を引きずり降ろそう！」ではありません。「次世代の〇〇さんに引き継いでいただき、多くの皆さんのお力を引き出していただきましょう！」です。セットで辞める理事長のために「最高顧問」といった名誉職をお付けするという工夫も大切です。

常識的なルール集をきちんと整備して、そうした流れの中で「役職者の任期」を決め、「一部の人に過度な負担がかからないようにするのは、長い時間このマンションの資産価値を維持するために必要ですね」と説得すれば、わからんちんの理事長は反発するでしょうが、他の住民の反応は悪くないはずです。「資産価値」という言葉が効いてきます。

つまり特定個人の非難ではなく、「昨今は建物の強度や新しさよりも、バランスよく各世代が分散して区分所有者として運営に協力すること、すなわち『管理』こそが資産価値を上げるし、マンションの価格に直接影響します」という別のロジックです。

「ネトウヨ父さん」のところでも書きましたが（「実践編」第1章）、「親と地球の地軸は変えられない」のです。この件に関しては、「言うことそのもの」に過度に依拠せず、「黙ってルールづくりを確実にやっていく」という作業が大切です。適切な法とは、本来そういう時に必要だからこそ存在する、という原点に立ち返ってみたらいかがでしょうか？　もちろん、進めるときには、普通のおじさんの心を開かせるために、徹底的に言葉を吟味する工夫が必要ですが。

実践編
第4章

PTA活動で「ムダな仕事は省こう」と言いたい

子どもが通っている小学校のPTA。入学オリエンテーションのときに、「入学と同時に入会することになってますから」という説明をされ押し切られるように入会したのだが、学校についても知りたいし保護者同士のつながりもほしかったので役員になってみた。ただ、じっさいに参加してみると、「これ必要?」と思ってしまう仕事が山のようにある。参加メンバーはみんな忙しいのだから、省いたり簡略化したりすべきじゃないかと思うのだが、なかなか言い出しにくい雰囲気がある。これまで提案したり意見を言ったりする人を見たことがないからかもしれない。それに、自分では動かないのに文句やクレームをつけてくる人もいるし、行事が終わると謎の「反省会」が開かれて時間がとられる。

PTA活動を全否定するつもりはなくて、こういう活動のおかげで学校や地域生活がスムーズに運営されているんだなと実感することもある。ママ友の一人によると、隣の小学校ではのびのび楽しくやっているらしい。それでも新しい人がなかなかPTAに入ってくれないというのが悩みなのだとか。

「辞めたい」人も「入ってほしい」人も両方悩んでいて、「もっとゆるくやりたいのに、変に前のめりの人がいてツラい」という話も耳に入る。ＰＴＡに関することは、どうしてこんなに意見が言いにくいのだろう。

多くの団体活動に共通するもの

ＰＴＡは任意団体ですから、法律や条例に基づいている行政機関、「投資─利益回収─配分」のための組織である企業でもなく、ましてや「愛の共同体である家族」とも異なる、それ以外のすべての「自分が好きで入った団体」です。だから、基本のからくりや運営の方法については、ＰＴＡ以外の団体、例えばＮＰＯなどの団体、各種社会運動のための団体のメンバーの皆さんも、各々の団体を「ＰＴＡ」のところに入れ替えて考えていただければと思います。

もちろんＰＴＡ独特のテイストもありますが、ここでは法遵守・利益マスト・愛情要求以外の社会集団の運営の課題や悩みが集約的に現れている、いわば「団体の自治の事例」です。なによりもまずＰＴＡにおいて最初にみなさんをモヤモヤさせるのが、「加入の仕方」をめぐるものです。今では「入学と同時に入会したことにされる」というような運営は見直されつつありますが、まだまだ古い習慣が残っているところもあります。

これは「誘う側の不親切なやり方」だけが問題ではなく、学校が公立だからと「PTAも行政組織の一部だ」と誤解している人が多いことで、ノーと言ってはいけないのだと勝手に思い込んでいるという面もあります。「生活を犠牲にするくらいなら〝今年は勘弁〞って言えばいいんだよ」と私が言ったら、「会長のくせに、もっと真面目にやらなきゃダメだよ！　学校に関わるんだから！」と、ママ友に怒られてしまったこともあります。

でも、PTAは学校に関わってはいますが、学校と保護者との関係は言うことを「聞かせる—聞かせられる」関係ではなくて対等だし、生活を優先しないと毎日けっこう苦しい家事育児をしているママパパたちが潰れてしまいますから、そんなに「ちゃんと」しなくてもいいのです。つまり、リード文に表れているモヤモヤはまったく正しいのです。

「やりたくない」と言えない

活動の内容ですが、とにかく「文化厚生委員会」とか、「選考（役選）委員会」とか、もう「委員会」だらけで何だか堅苦しいし、大仰な感じがして、この名前があるだけでストレスを感じるかもしれません。ちなみに日本のPTAは戦後に組織されたため、「文化」は婦人たちの啓蒙、「厚生」はかつての給食の支援という意味が含まれています。いずれも、今はかなりズレてしまった活動です。今日の保護者は、昔のように「大人も立派な先生に教育してもらう」ことを期待していません。子どもの学校で知り合ったママ友が、聞いてみたら「国連の法務部で働いている」みたいなことが普通にあるのが現代で、もうかつてのニーズとはズレています。

もちろん、「男の子のための性教育」であるとか、「NPOやPTA運営のための新しい取り組み講座」などというイベントは必要とされていますし、そのために教育委員会から補助される年間数万円の予算を使えば良いのです。でも、それを「文化厚生委員会」という古い看板でやるから、PTAの知識がゼロベースの若いママパパたちの心のハードルが上がってしまうのです。

なんとかそのへんをクリアして、ダンスや音楽、スポーツ関係者を呼べば、もうちょっと人も集まるかなと思って、その委員会の存在意義を見出して提案してみるのですが、教育委員会や校長先生の考えを忖度して、「それは文化厚生委員会にふさわしいでしょうか?」とか、「それって子どもたちになんかいいことあるんですか?」なんて、ミーティングに半分も来ないくせに文句だけつける人もいます。

結局、「子育てのためのアンガーマネジメント講座」などをやってくれる親御さんが見つかり、思いのほか三〇人くらいの保護者が来てくれて、結構盛り上がったりします。イベント実行の各種書類、交通費計算、当日の準備などとやることはありますが、下の子の保育園の行事と重なったりして、結局委員のうち実働部隊は五人くらいで、全部終わったらもう茶話会か打ち上げでもやろうと思っていたら、真面目な副委員長が、「反省会やらないと」なんて言い始めるのです。

反省することなどないし、疲れたし、上手くいったという充実感もあるし、たまった愚痴を言い合いたいから、反省会なんてやりたくないし、やる意味もわかりません。だからギリギリでお尋ねするわけです。「どうして反省会やらなきゃいけないんですか?」と。

すると副委員長は何の悪意もなく言います。「去年もやったみたいですし」と。引き継ぎファイルにそう書いてあるからです。でも、だれも「今年は必要ないし、来年のための申し送りがあれば、後でグループLINEに流せば良くないですか?」と、**この一言が言えない**のです。誰もやる気のない反省会が、「やった」という事実のためだけに行われ、そのうち「下の子がもうおなか空いて限界みたい」なんて誰かが言い出して、一気に打ち上げ気分もショボンとなります。このPTA反省会に拘束されたことで、下の子の保育園の運動会に間に合わず、ひっそりと泣くこともあります。

「やろうよ」と言えない

逆のモヤモヤもあります。それは「楽しく工夫してPTAやっているのに、コロナ以後、低学年の保護者たちとは楽しい活動の共有イメージがないから、誘っても塩対応されてしまう」

というものです。二〇世紀と何も変わらず規律正しいPTAもありますが、さすがに昨今は「できることをできる人たちと」などと呼びかけて、「やりたくないと一言漏らしたら教室で吊し上げられた」などという「たまにあったりする都市伝説」に怯えないようにいろいろ配慮しています。ところが、理論編でも少し触れたように（第2章）コロナの最初の年が「第一子幼稚園入園」に当たってしまった若い保護者たちは小学校入学まで、なんだかんだで楽しいフェスやお祭りや、そのためのボランティアの経験が皆無で、「仕事とボランティアとお互い様」の区別がつかず、全部が「やらなきゃならないウザいこと」だと心の着地をしてしまいがちです。

そんな時は「楽しい思い出のある側」が想像力をもって、異なるアプローチをとる必要があるのですが、なかなかそこに気が付かず、「何で新入学してきた保護者の人たちはこんなに地域や学校のことに無関心で自己チューなんだろう？」なんて思い込んでしまうのです。

「運動会の日に、何度も注意されているのに、自転車で学校に来る人たちに〝自転車を停める場所はないですよ〟と、自分の子どもが出る種目の間も校門に立ってくれているのはPTA会員たちですよ。その人たちに気づいてくださいよ！」と叫びたいくらいなのですが、言えません。体育館の電源ソケットのところに「充電ご遠慮ください」って紙を貼ったのは誰だと思います？　そういうことを全部横並びの、同じ立場の保護者がやっているのに、「お返ししなきゃ」くらいの気持ちになれないのですか？……なんて、もう喉のところまで出てくるのですが、飲みこみます。

企業のロジックは使えない

そんな最中に、コロナ後久しぶりに開催された校庭開放祭りに、彗星のように現れた「三〇代の馬力とやる気にあふれたパパ」が、「コロナでボロボロになったPTAをみんなでまた盛り上げましょうよ！」なんて信じられないことを言ってくれたりするのです。これはなんとありがたいことかと、さっそくいくつかある委員会の委員長になってもらい、新鮮な「パパもいる風景」に期待が膨らみます。

ところが、このパパが最初の会合で「早速ですが、やっぱりPTAの無駄、非建設的な活動をいま一度ちゃんと評価する必要があると思うんですよねぇ」なんて言い始めます。「ヒョーカ……？　え？　何が？　何を？」と、ほとんどの生活人たちはキョトンとしています。説明が不十分と思ったのか、期待のパパはなおも被《かぶ》せてきます。「まぁ、PDCAの〝C〟の部分っすよね。こちらの委員会は、これまでどんな活動を企画立案して、実施して、評価して、そこから改善をしていくべき点を考えるのが基本でしょ？」と。

やる気満々のパパは、ベンチャー系の企業をいくつも渡り歩いて、大企業にないバイタリティや創造的なチャレンジをしてきましたけど、やはり経営の基本、組織運営のイロハについては勉強してきたようですから、「少し元気がなくなっている組織（売上が下がってモラールも下がっている企業）を活性化させるには、問題や課題を洗い出すことが先決だ」という、組織改革の王道をやろうとするわけです。そうやってこれまで頑張ってきたから、ＰＴＡも課題探しからだ、と思っているのです。正しいです。

しかし、朝五時半に起きて、中三の息子の弁当を作って、小四の娘のプールのお道具を確認して、「今日も帰りは十一時半」と戦力外の夫に「いってらっしゃい」と気だるい声がけをして、洗濯物を干して、郵便局に行って義理の母の誕生日プレゼントを送って、明日の予定を確認して夜に多めにカレーをつくっておかねばと思って、スーパーに行って買い物をなんとか午前中に済ませて、歯医者の予約があったことを思い出して、「試合だから背番号縫っておいて」と息子に頼まれた雑用もこなして、二二時四十分くらいに家中で最後にお風呂に入って、布団に入って目をつぶって五秒で意識を失うママは、「よりよい委員会にするためにピーディーシーエーが必要」とか言われても、「リトアニアの大統領選挙の投票率とＧＤＰの相関関係」と同じくらい意味不明と受け取ります（つまり受け止められません）。

他のママ委員たちも、ほぼ同じ反応です。ＰＴＡ列車に乗っている人たちが、そういう感覚でいるわけではないことを知るフルタイムワーカーのママなどは、「それじゃ誰も動けないって！　ＰＴＡにね、評価とか事業立案の合理性なんて言葉は要らないの！　できれば最低限の拘束時間で『やりました』ってことにしたい、でもやれば楽しいかも……くらいに思ってここにいる人たちに、そういう経営学みたいなことは言っちゃダメなのに！」なんて思っていますが、そうは言えませんから、「まぁ評価って言っても、副校長先生と保護者たちを結ぶためのブリッジみたいな委員会ですからね」などとギリギリの口出しです。

この真面目なパパは、「そういうことじゃないんだな」と、もう一年くらい経つとわかるはずです。かつての私がＰＴＡ会長一〇〇〇日で到達したように（『政治学者、ＰＴＡ会長になる』毎日新聞出版）。

生活圏に近ければ近いほどキツい

このような、いろいろな意味でフラストレーションの発生源のようなＰＴＡ活動ですが、そこで生じるモヤモヤは、各々の出来事「そのもの」によってもたらされるというよりも、「それに対して言えない自分」が原因です。公立小学校のような人間のバリエーションが豊富な場では、いろんなことが起こるのは当たり前です。この後にも個別の事例が出てきますが、軋轢や葛藤を生み出すのは、家庭でも地域でも職場でもみな同じです。でも、**各々のシチュエーションや現場の種類によって、そうした軋轢が生じた「後の動けなさ」が異なるのです。**そして、各種の「そうそう言えない」においても、ＰＴＡ圏内の「言えない」が特に「言えない」場合が多いのです。

家庭内なら、毎日顔を突き合わす人間にそうそう我慢ばかりはしていられませんから、時にはガスが吹き出して、結構派手なドンパチとなります。言葉も選ばないヒドイ言い方をしたりもします。職場では、優れた管理能力をもっている上司がいれば、話を聞いてくれたり、適正な手続きで問題を公的なスペースに開いてくれることだってあります。つまり、葛藤や対立を「愛情で解決せよ」という極と、「労働法や就業規則がある」という極の両方で、言い方は異なっても、「いざとなったら黙っちゃいないです」となる可能性があるわけです。

しかし、その点でPTAはキツいのです。何しろ、どうにも対立とハレーションが解決できないからと言って、それを理由に子どもが馴染んでいる学校を簡単に転校させることなどできません。とくに低学年の親御さんは未来の受験の準備や塾や習い事、さまざまな地域のお付き合いを考えたら、「波風立たせると別の付き合いとの兼ね合いもあるから、いろいろ面倒くさくなる」と、「言いたい!」と感じた一秒後にそう思ってしまいます。

しかも、「俺は毎日会社でヘトヘトだ。学校や地域のことはお前がちゃんとやってくれ」と、「俺マジで無理だから」と根拠のない「無理」を強弁してくるパパが、まだ少なからずいる令和の世の中です。PTAの空間と磁場に集まってくるのはやはり圧倒的に「ママたち」であって、「緊張を要する、正しい状況判断が求められる立ちふるまいがマスト」という前提があると、もうママ友LINEでもふだんの立ち話でも、「本当のことはほとんど言わない」という、極めて政治色の濃い空間力学に支配されます。そこでは合わせ鏡のような忖度合戦が展開し、ますます「思ったことを言えない」事態となるのです。

もちろん、それは会社でのパパの世界だって同じです。そこに男女の違いはありません。しかし、会社は社会学で言うところの「機能集団」であって、生活圏ではありません。生活の空間では、「なんだかんだ揉めたり対立したりしても、最終的には利益をちゃんと出せば良し」というところに、面倒くさい問題をバキュームできないのです。愛の共同体的でもあり、同時に社会関係でもあり、それでもやはり子どもをも巻き込んだ生活次元だからです。つまり、問題をリセットする太い共通目標が多様なのです。


入学と同時に「入会したことになります」と、強引なロジックをぶつけてくる（悪意などない）役員さんに、「憲法二一条の結社の自由は、結社に加わらない任意というものを同時に守るものです」なんて言っても、その後はひたすら警戒されて、会っても目も合わせてくれなくなるでしょう。その人が息子と同じ塾に行っているお子さんのママだったりすると、これまた面倒くさいとなります。

反省会などやりたくもないのに「やらないと去年の班長さんに何を言われるかわからないんで」と、もう泣きたくなるほど脆弱な理由でやってしまう、これもまた悪意などまったくない人に、「反省会なんて、あなた自身が抱えるつまらない心配を払拭するためにやっているだけでしょ？　反省することなんて何もないから、私は帰ります。皆さんも、こんなことにお付き合いする必要ないと思いますよ？」なんて言ったら、もうその日の晩はＬＩＮＥで大炎上する……（実際になくても）だろうと想像すると、ああ、それも面倒くさいとなります。

逆も、つまり「やっている人たちの立場」からも同じです。「皆さんのお子さんが、信号の変わりばなに信じられないようなタイミングで、信じられないような地点から、いきなり交差点を渡ろうとして肝を冷やすようなことになっているのを防いでいるのは誰なのか、たまには考えてくれませんか？」と、朝の登校時の旗振りを徹底して嫌がる人たちに直球で言ったら、「うちはうちでやりますから、別にそんな責任を背負う必要ないんじゃないですか？」なんて、本当に冷たい言葉が返ってきたりします。こちらの心が閉じて、「もういいよ。何も言う気になりません」となって、やはり言えなくなります。

忘れがちな二つのこと

「遠慮のない家族でもない、友達といっても親友でもない、隣人といっても明文化された自治のルールやシステムが〝手づくり〟にならざるを得ない（つまり面倒くさい）、企業のような有無を言わせぬ共通目的もない、でもそうそう移動できない」ＰＴＡの現場は、その意味で逃げ場があまりない、一番キツい場なのかもしれません。

この実践項目をお読みになって「あるある！」と膝を叩いた読者の皆さんは、ここから即効性のある戦術や技術を直接得ようとせず、みなさんの個別ケースに合わせて、そして、みなさんの得手不得手やキャラクターごとに、理論編第2章、3章の「言い方」や「ふるまい方」を総動員して、頑張るしかありません。そして、そこでのさまざまな技法を相互に伝え合って、共同の知に積み上げていくことで、未来の人たちが「ゼロベースからまたやり直す」ことを避けられると思います。

しかし、その時にやはりハートの根幹に土台となるものを確認してほしいのです。それは以下の二つです。

第一に、一部の特別な人を除いて、PTAエリアに参集する人たちの中には、悪意をもって他者を不幸にしてやろうという人はほとんどいないということです。ほぼ全員が「善人」なのです。だから厄介なのです。悪意に対しては、別の対応があります。

第二に、理論編で見たあらゆる技法や作戦の根本には、そうした暮らしの技法を成熟させていく目的として、「愛すべき隣人たちから最良なものを引き出すこと」という立脚点があるということです。忙しくても、それが見出せた時、幸福が感じられます。

言えない、言いにくい、一番言うハードルが高い、面倒くさい生活圏だからこそ、隣人の善意と最良なるものを信じて、限りある保護者ライフをサバイブしてもらいたく思います。

実践編
第5章

会社に給料を上げてほしいと言いたい

昨今の物価高であきらかに生活が苦しくなっている。だから給料を上げてほしい。賃上げを求めるのは労働者の権利だということもわかっている。しかし、自分が勤めているのは小さい会社で、しかもそんなに大きな利益を出しているわけでもない。みんなが苦しいなか頑張っているのだから、自分だけ賃上げを要求するのも自己中心的すぎるなとも思う。それに、給料を上げてもらえるほどの営業成績を出しているわけでもない。

上司や上層部に話したところで、権利主張するだけの図々しいやつと思われるだけだから、やはり言い出せない。でも、いまの労働条件ともらっている給料では、将来設計をすることも厳しい。そういう条件と状況を考えると、ときどき不安な気持ちに押しつぶされそうになる。

状況は劇的に良くならなかったとしても、こういう気持ちをぶつけられるならいいのだが、どこに、だれにこれを聞いてもらえればいいのかわからない。自分は一人では何もできない気がする。そのことが苦しい。

近隣諸国より給料が低くなっていた

実践編の項目の中でも、非常に難関なのがこの「給料が安い問題」です。多くの人たちが胸中に抱え込んでいるモヤモヤであり、今の幸福を享受する基盤の問題でもあり、かつ未来の希望の話でもあるため、政治学者の私も思いがけずにいろいろなものを背負い込んで「経済再生のための提言」などという、できもしない大風呂敷を広げてしまう恐れがあるからです。そんな提言を私が出せるなら、とっくの昔に一流のエコノミストがこの状況を変えてくれていたはずです。

だからここでも私のできることは実に申し訳ないくらい慎ましくささやかなものにすぎません。本書の理論編で示したいくつかのことが、なるべくこの大問題と多岐にわたる課題解決のために、少しでもお役にたてるようにお伝えしたいです。

とにかく、世紀転換期くらいから、日本の経済には明るい材料も成長もなく、近隣アジア諸国の経済的追撃を受けて、気がつくと経済協力開発機構（ＯＥＣＤ）諸国の多くの経済指標のランキングも低下しています。一九九〇年ごろの韓国の平均給料は日本の六割ぐらいでしたが、一〇年ほど前から韓国の実質平均給料は日本を追い抜いています。

日本の賃金が上がらない理由については、いろいろと議論されています。第一に、経済成長に必要な人口が減少していること、第二に生産性が低下しているといったことです。生産性を上げるために必要なものは、教科書的にいえば「イノベーション」ですが、これをもたらす「設備投資」、「研究開発」、「人材投資」のいずれも、日本は足りません。経営者は、将来に備えて労働者ではなく「会社」を守るために、賃上げではなく内部留保ばかりを溜め込んでいると批判されがちです。

しかし、経済の動向という大きな話と個人の生活という小さな話がどう結びつくかは見えにくいものです。日本の企業の萎縮ぶりを、経済評論家の解説記事で読もうとしても、それが自分のペイペイの残金とどう関係するのかは、スマホは教えてくれません。どうして日本の労働者の賃金はこんなに安いのか、どうして北米西海岸のダウンタウンの最低賃金は一五ドル（約二〇〇〇円！）で、お昼のバーガー・ランチに二〇ドルもかかるのに、私の勤める大学の学生は大学が支援提供している「ワンコイン・ランチ（一〇〇円）」のカレーを食べているのか？　そこに横たわる壮大な問題と課題にめまいが起こりそうです。この大問題に引っ張られないように、まずは本項の焦点を限定させねばなりません。

「ロウソ」をご存じですか？

本項執筆にあたって、「まさか？……もしかすると」と、頭をよぎったことがありました。私のような中高年男性にとっては人生の前提のようなものですが、若い読者のみなさんのために、いちおうお尋ねしておこうと思います。

皆さんは「ロウソ」、つまり労働組合という言葉を生活言語として使っていますか？

これをお尋ねしておこうと思った理由は、日本では企業などで働いている六〇〇〇万人くらいの中で、労働組合に加入している人は、わずか一六％しかいないからです。働く人の八割以上の人が、労働組合に入っていないということです。「え？　組合？　入ってないです。ええ、別に強制じゃないですし、組合費も取られるでしょ？　あれこれと動員もされるし、なんだか面倒だし、まわりの人も入っていない人ばかりだし」……そう感じている人が大半です。

それはひとつの生活実感だし、もし労組に未加入で人生が本当に立ち行かないのだと確信するなら、加入率がこんなに低いわけがありません。実際に、私が二〇代であった一九八〇年代には、「ついに労組の組織率が三割を切った」というニュースが衝撃的に受け止められたくらい、今の倍くらいの組織率だったのですから、今の加入率は、「労組は必要ない」という意味かもしれません。

しかし、それならあの時代から三〇年以上が経過して、働く人たちの暮らしは良くなったのかと問えば、そうではありません。もちろんテクノロジーは進歩します。メールもインターネットもなかった二〇代の頃には、ポケットに入るようなコンピューター（スマホ）を、小学生から老人までが持ち歩くなどと想像すらしていませんでした。でも、スマホの普及と貧困や格差の問題は別です。

現実に、日本の七人に一人の子どもが、一日三回の食事を満足にとれていないと言われていますし、日本人の平均年収は今から二〇年前より「下がって」いるのです。つまり、じわりじわりと日本人の給料は下がっているのに、マンションの値段は下がらず、高等教育の費用は上がり続け（国立大学の授業料は私の時代の三倍くらいです）、非正規雇用の三〇代男女は「給料が安いために結婚ができない（諦める）」と考えて、少子化にも拍車がかかっているわけです。そして、にもかかわらず、労働組合の組織率は下がり続けているのです。

かつて昭和三〇年代初頭には学校教員の九〇%が加入していた日教組（日本教職員組合）も、一九八〇年代の半ばに五割を切り、現在は二〇%を下回りました。給料が安く、ほとんどがサービス残業とされ、ピラミッド化した職場階層組織、文科省、都道府県、自治体教育委員会からの管理を受け、ブラック労働に心身軋ませて働いている先生たちは、そんなに苦しいのに八割の人が労組に入らないのです。「組合に入ると都道府県の教育委員会に目をつけられて山の中の学校に飛ばされる」という嫌な話だけでは理解できないものが、ここには含まれているような気がします。

組合は「自己チュー」ではない

若い読者のために説明しておきますが、労働組合とは、ひどい働かされ方をしているのに取換部品として扱われ、「嫌なら辞めろよ。代わりは掃いて捨てるほどいるからさ」と言われて終わりにされないように、**同じ弱い立場の人間が手を取り合って理不尽な労働環境を改善するために存在します。**資本主義の歪みを正す、長い経験を踏まえてつくられた組織です。

そのメリットは、第一に、働く者としての意見や不安、疑問、悩みなどを会社に伝えやすくなって、職場の風通しが改善されます。第二に、働く現場の規則や賃金・労働時間などを、組合と会社の正式な話し合いで調整できて、労働条件が改善されます。第三に、理不尽な解雇や会社都合の安易なリストラなどがなされづらくなり、雇用が安定します。そして最後に、仲間と連帯することで、働きぶりがフェアに評価され、職場環境も改善されやすくなります。

給料を払う側と払われる側とでは、対等な関係を築くことが難しいものです。資本主義の歴史とともに、「雀の涙ほどの飢餓賃金」と引き換えに命を削るような過酷な労働が強いられ、働くことが希望でも喜びでもなく、苦痛と苦悩と苦境をより進行させることになれば、社会全体の力が失われます。

それは企業にもブーメランとなることに経営者も気づき、立場の強弱関係がひどくならないように「労働法」がつくられ、団結権（仲間と協力して組織をつくる権利）、団体交渉権（チームをつくって立場を強めて経営者側と交渉できる権利）、争議権（あまりに経営者側に働く人を重んじる態度が不足し、強引に交渉を打ち切るようになった時には、ストライキをする権利）という、いわゆる「労働三権」が確立され、非人間的条件で人間を働かせることが当たり前にならないようにルールが確立されたのです。その基点となるのが労働組合という組織です。

労働組合は、かつては「経済問題は政治的に解決せねばならない」という原則によって、賃金問題だけでなく広く平和や環境や人権の問題においても組織的に活動していました。そのため、一部の組織は自分たちの政治陣営の影響力を最大にすることを最優先させるやり方で、銭金以外の主張に力点を置きすぎたため、「過激で思い込みの激しい、特定の政治的主張やイデオロギーを叫ぶ人たち」だとレッテルを貼られてしまいました。そのため、労組員とは「有無を言わさず特定の強い主張を叫ぶヤバい人たち」という印象をもたれ、これは間接的に組合組織率の低下に貢献してしまったかもしれません。

働く者たちが連帯することの意味

逆に、「経済の話は経済で解決」などという経営者側に都合の良い原則に引っ張られると、**経済構造が「政治的な力学をも含めて」決められているというこの世の理**を忘れてしまいますから、ここは注意が必要です。

働く人たちは、労働力として値段がつけられてしまいます。時給○○円、年収○百万などという評価は、「原料費がいくら」、「仕入れ総額がいくら」、「生産現場の光熱費がいくら」という経費と同じであって、働く人間は「労働力という商品」です。「自分は○○ができて▲▲が売りだから、一時間○○円で買ってほしい」ということですから、経費を抑えて利益を一円でも上げたい経営者は、「安くて使い勝手が良くて、簡単に壊れず文句も言わない労働力商品」を購入したいというのが、「経済は経済で解決」という場合の定番の理屈です。それは容易に「それで会社が強くなれば、働く人たちも幸せになるでしょ」という大雑把な理屈にジャンプします。

しかし、私たちは働いて人生を謳歌する人間です。その基本に立ち返れば、そうそう安易に、使う側の理屈と市場の都合で「あんたは○○円ね」などと値段をつけられたくありません。理由は明白です。**我々は物ではなく人間だからです。**あるものをいくらでつくっていくらで売って、経費を差し引いて次の商売に回す、会社の備蓄のためにいくらの利益を確保するかという理屈以外に、「小さくて弱い人間が協力をして、楽しく、死ぬまで生きる」ために必要な「人間の条件」に寄り添った「働くものの利益原則」というものがあるのです。

しかし、それを孤軍奮闘で守ろうとしても、人相が悪くてガタイの良い、それこそ金で買われた連中に力ずくで抑えつけられてきたのが、資本主義における労働者の歴史です。だから、働くものたちが「同じ立場であることでお互いの苦しい境遇を理解し合える」スクラムを組んで、ウィスパーや決死のトーク・バックではなく、連帯したボイスやコーラスのために、労組は必要なものなのです。

経営者がみな悪者なわけではない

日本語には、悪い印象をもたらす「徒党を組む」、「集団でゴリ押しする」といった表現があります。そもそも「団体」の「団」が付くと、いかがわしくなります。暴力「団」などは典型です。「族」や「隊」なども、使われ方によっては「大勢で集まって騒動や揉めごとを引き起こす」という迷惑をもたらす人たちを指す言葉になります。

労働組合が二〇世紀転換期に日本でも活発になり始めた時に、政治経済エリートたちは、労働者たちが自らの苦境を思い詰めて容易に「暴徒と化す」という恐怖イメージをもっていたはずで、そういう集団的行動は常に警戒の対象とされたのでしょう。日露戦争後の条約に人々の不満が爆発した「日比谷焼打事件」などの経験も、小さからぬ影を落としていると思います。

そうした集団イメージと対照的なのは、「家族」や「家」といった人間集団です。日本の労働組合組織の最大の特徴は、「企業別組合」です。もちろん日本にも「産別（産業別）」という名前のついた労働組合連合はありますが、賃金交渉をしたり、その他の労使協議をするのは基本的には「三菱重工労働組合」だったり、「小田急電鉄労働組合」、あるいは「トヨタ自動車労働組合」といった「企業別」に作られた組織です。個別企業の景気や経営の浮き沈みによって、労働者への利益の還元は「企業別」となってしまい、ある産業全体の利益の増進というふうに足並みがそろわなくなるという特徴があります。

日本では労働組合が存在しない中小企業も多々あり、給料が安いと言いたくても、まず「会社 vs 一社員」という象とアリの交渉みたいな関係性の前で、ほとんどの働く人たちは沈黙せざるを得ません。「組合をつくろうとしている」と密告されただけで、即解雇してくるような会社も星の数ほどあります。

比較的穏健で、働く人たちに寄り添っている企業でも、「組合なんかつくるギシギシとした関係ではなく、我々は家族なんだから、社長はお父さん、専務（奥さん）はお母さんと思って、なんでも悩みを相談してくれればいいんだよ」などと、「企業は家族」という、やや古い人情たっぷりのモードで安月給を結果的に放置させたりします。

だからと言って、社長ら経営者が全員腹黒い、人を人とも思わぬ冷酷な守銭奴だなどと、私は思っていません。従業員三〇人の零細企業で、年間の売り上げが読売ジャイアンツの選手の年俸を足した額より低いなら、そうそう給料を上げてやることもできないでしょう。毎月、綱渡りのような資金繰りをして、なんとか給料の遅配が生じないように、安くてみんなが嫌がるような仕事も必死でやって顔つなぎをして、信用金庫の支店長に土下座して、なんとか会社を回している人も、これまた星の数ほどいます。みなさんはうっかり頭から抜けているかもしれませんが、**日本の全企業の九九・九％は中小企業なのです**。

どこに、誰に、何を言えば？

気がついたら、寅さん映画のタコ社長に同情して「零細企業の経営の苦しさをわかってたまるか！」という方向に引っ張られそうなので、「給料が安いことをどうやって訴えるか」というところに話を引き戻します。

まず、働く場に労働組合が一応あって、かつそこに加入することであからさまに差別されるような酷い会社ではないなら、仲間をつくりながらなんとか組合に入るべきです。そうです。理論編第1章の「圧力や制裁が怖くて言えない」、そして同じく理論編の第2章にあったA「勇気を出す」、あるいは、第3章Cの1「仲間をつくる（相談して協力を作り出す）」あたりに関わります。

ここで「全国の労働者よ！　失うものは鉄鎖のみ！」などという声がけはあまり有効ではない気がします（もうそんな言葉を使う人は日本には生息していません）。しかも、「労働者」という括りも、まわりにいる友人たちにはピンと来ないかもしれません。括りが大雑把すぎるからです。「そりゃ社長だって部長だって、みんな労働者じゃん？」です。だから**「これからさまざまなライフイベントが控えている若い世代」**などの括りを強調することも必要です。

そう書くと、古いタイプの組合おじさんから「そうやって労働者を分断させるから組織率が下がるんだ！」と八つ当たりされそうですが、今日「ロウソ？　誰か推しの人？」などと反応されるようになっているのは、「私たち」を呼称する言葉が大雑把で、「あ、それ、自分のことだ！」という「刺さり感」を得られていない、という部分があるような気がします。

仲間づくり、連帯において何よりも大切なのは、「今、この人たちは自分のことを話してくれている」という感度に訴えることです。一九八〇年代初頭に大学に入学した時、まだキャンパスで集会をやっていた新左翼の人たちが「ワレワレワァア！」と演説を始めた段階で、「そこに俺は含まれるのだろうか？」と、私は足踏みをしてしまいました。これは「市民」という言葉にも当てはまる話です。昔から保守系の友人に、もう何度も「岡田、シミンって誰のことだよ？」と突っ込まれました。

その意味では、働く人の社会的属性にこだわりすぎて分断をつくってしまうことは避けたいですが、「女性の置かれている苦しい立場」、「子育てしながらフルタイムで働いているママの立場」などにアクセントをおいて、シンパシーを集めることは今日かなり必要です。「人間らしく働く権利をもつ私たち」という緩やかな連帯を維持しつつ、個別事情にある人たち各々が孤立することのないような「粒立ちのよい」仲間づくりをしなければなりません。これこそが、今日の労働組合組織が直面する課題です。サービス産業が支配的となった時代に、生産業のイメージを基本にした「労働者諸君！」は、あまりリアルではないのです。

買う側の理屈にからめとられないように

この項目が苦しいもう一つの理由は、「働いている人の諸条件もバラバラ」であることです。ため息が出るような低賃金で苦労なさっている人たちは、やはり労働組合もなく、雇い止めや安易な解雇に怯える非正規被雇用者である場合が多いでしょう。そうなると、まさに「いったい何をすれば良いのか」というところでぼんやりとしてしまうかもしれません。

とはいえ、実に当たり前のことで大仰に書くのも申し訳ないのですが、労働組合に入っていない労働者にも、労働三権に基づいたルールは適応されます。労働組合のない会社でも、労働者に法定労働時間を超えて労働させたり休日労働をさせたりするためには、いわゆる「三六協定の締結」が必要とされています。組合がなくても、労働者の過半数を代表する者を選出して、適切な手続きを経て三六協定を締結することが企業には求められています。

企業は法定労働時間（一日八時間、週四〇時間）を超える時間外労働（いわゆる残業）や休日労働を働く者に命じる場合、従業員の代表者などと協定を結び労働基準監督署に届け出ることが義務付けられています。これを定めているのが労働基準法三六条であることから、本協定届は「三六（サブロク）協定」と呼ばれています。この協定（労使間の合意）が結ばれていない状態で、労働者に時間外労働及び休日勤務をさせると、これは労基法違反となって、雇用者側になんと刑事罰が科されます。

もちろん、このサブロク協定は「労働時間」などの話が中心ですから、給料を直接上げてもらうことにつながらない気がするかもしれませんが、この協定には「お金を出して雇うからと言って、そうそう好き勝手なことはできないことになっている」ということを確認してもらうためにも、そして「たったひとりでは何もできない無力な自分たち」ではないのだと、勇気を育てていく重要なきっかけになります。相談の窓口は、都道府県や各自治体、およびそこから紐付けされている弁護士さん、例えば東京都民でしたら、「東京都労働相談情報センター」には窓口もあり、電話相談やＬＩＮＥ相談などもできます。

最後に、余計な物言いになるかもしれませんが、日本で起こっている「低賃金」のもうひとつの背景について指摘しておきます。私たちの社会は、現在「原材料・輸入コスト（円安のため）」を原因とする（それだけではありませんが）インフレに襲われていますが、それまで長い間

「デフレ・スパイラル」による賃金の頭打ちでもありました。

先述のように、働く人たちの賃金も「労働への値付け」によって決まりますから、商売が買い手市場になっていて、「とにかく安くなければ競争に勝てない」という潮流が強くなり過ぎれば、最初に我慢してもらうのは「働く人」ということになりがちです。原油や資源は、海外から調達する際にその値段を自由に調整などできません。資源小国の悲しさです。だから安売り合戦は、文字通り「消耗戦」となります。つまり「モノが安くなれば給料も安くなる」のです。

かつてチェーン店系のクリーニング屋さんにワイシャツを持って行ったら、「一枚一七〇円」と言われ、「他店よりも一〇円お安いです！」と、おそらく「時給一〇〇〇円くらい」で働いている店員さんに言われました。安いのはありがたいのですが、私はワイシャツを洗濯して、灼熱の体育館みたいな工場で汗まみれになってアイロンをかけている労働者がいったい一時間いくらで働いているのか、クタクタになって一カ月後にもらう給料がどれくらいなのかを想像し、考え込んでしまいました。気持ちから言えば、それほどの重労働で家族や生活を支えねばならないなら、一七〇円ではなく四〇〇円くらい払ってもいいと思っています。

「そりゃ、岡田さん。あんたが余裕のある暮らしをしているから、そんなこと言えるんだよ」と言われれば返す言葉もありませんが、私は「とにかく安ければいい」というところから少しだけステップ・アウトして、「この仕事をしている人たちの苦労が少しでも高い賃金で報われれば」というお金の払い方をしていかないと、「市場の競争は厳しい。生き残るためにはキレイ事は言っていられない」という、立場の強い、人を使う、労働を金で買う側の人々の無慈悲な理屈にやられてしまうような気がするのです。

なんとも歯切れがよろしくないのですが、精神態度としても実践的にも、まずもってお伝えしたいのはこうしたことです。

実践編
第6章

子どもに「ダメなやつ」と言った担任の先生と学校に言いたい

子どもが通っている学校で、うちの子どもに対して「だからお前はいつもダメなんだよ」という旨のことを言い放った担任の先生がいる。指導のつもりだったのだろうけど、それでも「それはちょっとないんじゃないの?」と言いたい気持ちが膨れ上がってくる。

それだけでなく、ある日友人の子どもが「代表委員長」として委員会を開こうとしたら、他校ではやっている「給食のグループ食べ」がダメだとされて、かつ「給食は黙って静かに食べよう」という規則を代表委員会で決めるように言われた。納得できなかった子どもが何度「その規則は誰が決めたのですか? コロナもおさまっているし、どうしてですか?」と尋ねてもはぐらかす。ルールについては学んだほうがいいと思うが、勝手にルールを増やして何も説明しないのはいかがなものか。しかもそれをどうして「代表委員会で決めさせる」のか? 「なぜ?」への応答がない状態が続けば、子どもは考えることをやめてしまうだろう。危機感がぬぐえない。

でも、親が口を出してしまうと「モンスターペアレンツ」とラベリングされてしまうかもしれないし、先生がへそを曲げて子どもへの当たりがさらに強くなるかもしれない。そもそも、さほど目くじらを立てるほどの出来事ではないのかもしれない……と思うとどうすべきかわからなくなってくる。やっぱり言いたい、けれど言えない。どこに言えばいいのかも迷ってしまう。

学校と教育には不満と不安がたくさん

学校と教育をめぐるモヤモヤは、根深く、長い河の流れの連続で、かつ人生を規定してしまいかねないほどの影響を人間にもたらします。だから、学校には強いポジとネガのエネルギーが押し寄せますし、そこでの予想を超えた化学反応も千差万別です。子どものまわりで起こったことについてあれこれと思いをめぐらせていると、時計の針が数十年も戻されていて、「中学一年の時に教師に言われた理不尽なこと」を思い出して、ちょっとだけ呼吸が乱れたりもします。かように教育という施策は、慣性が強く、それだけに無関心ではいられません。

学校にいる教員たちはもちろん普通の人間ですし、何か特別な能力があってそこにいるとは限りません。近代教育の流れでいうと、農村が解体して、都市の中間層だけでなく、そこに都市型の生活スタイルがものすごい量とスピードで浸透した、あの一九六〇年代の「学校の黄金期」（広田照幸『日本人のしつけは衰退したか』講談社現代新書）はもう過去のもので、今は保護者自身が「教育する親」としての総合プロデューサー的な役割を背負っています。もはや学校に過度に期待をせず、結構なお金を払って塾やお稽古事をやらせていますから、学校で起こることは、「しょうがないよ。どうせ通過点だから」と思う人も増えています。

高学年になると、何やらスレた立ちふるまいをするようになりますし、それは成長の一風景ですから、学校での出来事をドライにとらえてやり過ごすこともできます。とはいえ、やはり心身ともに未成熟な人間が、小さな教室に押し込められて一年の大半の時間を過ごすわけですから、そこで受けた大人からのさまざまな言葉は、やはり安易に放置できません。

リード文に示されているお子さんへの教師の配慮のない言葉、そしてものを考えることを抑制させる指導は、濃淡はあるにしても、基本的には日本の近代一五〇年の教育の歴史において常に散見されます。そして、この話は保護者側からすれば、「子どもが不当な扱いを受けている」ことであり、教育が本来果たすべき役割と逆のことをされているという問題になります。

とりわけ「ものを考えなくさせる指導」は、日本のデモクラシーに致命的なダメージを与えていると私は考えます。**子どもがいろいろな役割を学び、リーダーとしてフォロワーに説明する知性を身につけ、仲間と合意を形成する苦しさと現実を経験することは、極めて大切な主権者教育です。**教育基本法の精神は、社会に適応する（先生が言ったから）人間ではなく、社会を創造する（良き教訓と学びを通じて他者と共生するための技法を工夫する）人間を育てることです。

コロナもあまり強い影響を感じさせない扱いとなって、お昼休みに隣の小学校では普通にグループでおしゃべりしながら給食を食べているのに、どうしてうちではおしゃべりはダメなのか？「どうして」児童を代表している委員会にそれを決めさせようとするのか？「誰が」そう決めたのか？「どういう理由で」グループ給食をダメだと決めたのか？　この押しつけを「誰の意見を束ねれば」修正できるのか？「どこで」その一連のルールや手続きを確認できるのか？　そういう疑問に担当教員は何度聞いてもクリアな言葉を返してこないようです。

代表委員長の脳内にある「大人に管理された役割イメージ」では、「おおよそ教員が設定した枠組みの中で、各委員に意見を聞いて、（誰が決めたのかわからない）曖昧なルールづくりをして委員会をまとめる」ことなんでしょうよと、早熟な小六は見抜いてしまいます。だから「私は、この意味のわからないルールをどうして委員会が決めなければならないのかをお尋ねしているだけなのに、いまだにゼロ回答なんですけど」と問題の本質を把握して、先に進まない先生との「話し合い」に付き合います。その間教師はほとんど一方的に喋り、子どもの言葉のほぼすべてを遮って、「でもさぁ」と否定から入る言葉で封じ込めます。「子どもの権利条約」はどうしたのかと思うような指導です。

たいていの子どもは、これを延々とやられると心身ともに疲弊してしまい「もういいよ」と撤退します。「先生がそう言うなら、私はもう疲れてしまったのでそれでいいです」と言い、従順さを見せた子どもには、先生は不相応な賛美を安く浴びせかけがちです。「よくわかってるね、あなた。先生、前からあなたはよくわかっている人だって知ってたよ」と、子どもの痛みを無視した胴体着陸をさせてくるのです。

政治学の理論では、これは「支配の正当性」という著名なマックス・ウェーバーによる話で扱われます。人間は、人の言うことを聞く時には「言うことを聞く理由」が必要です。そこにはいろいろなパターンがありますが、この委員会の件でいえば、「給食の時間はグループになって楽しくおしゃべりをしながら食べてはいけない」という（誰が決めたのか曖昧にされたままの）ルールに「わかりました」と従うためには、合理的な理由がないと、各クラスの児童たちを代表する委員は、クラスの仲間に説明ができません。

ウェーバーは、この「人が従う理由」の分類の三番目で、「それが合法的だから」という説明をしましたが、合法的（ルールに適っているから）というなら、「グループでの楽しい給食がダメな合理的理由」がなければなりません。

この代表委員会の話は、実際に起こりがちな一般的なエピソードです。この小六の委員長が担当の教員から唯一言われたのが「グループでおしゃべりして食べると、楽しくなってみんなが歌ったり踊ったりして、静かに食べるという給食の時間が乱れるから」という説明です。そんな理屈で十二歳が納得するはずがありません。コロナ前にはその可能性はなかったということでしょうか？

犯人探しという「徒労」

でも、大人はときに、子どもの「それはおかしい」という思いに寄り添えない場合もあります。ある種の面倒くささがあるだけでなく、「先生に逆らったら良いことがないだろう」という切ない忖度が、悪意もない保護者のみなさんの生活のなかで原則となっているからです。「先生がそう言うなら、そうしておきなさい」と、変な嵐が通り過ぎるのを待つ癖です。文句を言って嫌われて、子どもが不利益を被るかもしれないという心配もあります。そもそも、親御さん自身が「人の言うことを聞く時には、聞く理由がちゃんとしていなければならない」という原則を、考える機会を奪われてきたのかもしれません。三〇年前に、自分も「代表委員会の副委員長」の時に、ほぼ同じ扱いを受けたのかもしれません。

それでも、「これは見過ごせないです」、あるいは「いくらなんでもこれでは話の説明がつかないではないですか?」と思う保護者は必ずいます。そして、正確な情報がないまま、感情的にこの事態に向かい合うと、「誰がこんな馬鹿げた指導をしているのか」という犯人探しが始まってしまいます。ママ友やパパ友に「ちょっと聞いてくれる? これっておかしくない?」と話せば、「ありえない。その担当の先生って誰? ◯◯先生じゃない? あの先生、去年も担任クラスで問題になったんだよ」などと、「あの人が悪いからこんなことになった」という人民裁判になります。

気持ちはよくわかりますが、この本の趣旨、すなわち「そうそう言えないけれども、なんとか上手に伝えて、できれば相手の良き部分を引き出せるような関係になって、いろいろな工夫をして、なんとか世界を一ミリでも改善させるための技法をシェアする」という観点からすれば、この**犯人探しと人民裁判は、相互にあまり幸福な着地とならない**ような気がします。

教師は職業人として、どういう期待をされているのでしょうか？　昔は大半の人たちが無学で、啓蒙の光で自分たちを照らしてくれるのは、地域にある学校の校長先生たちでした。でも、保護者が弁護士だったり、大企業のCEOだったりと、さまざまな知的訓練を受けてきた人も含まれるのが現代社会の街場の風景です。先生は特別な存在と思われていません。

だから「なぜこんなことが起こるのか？」をたどっていくと、それは「個としての問題」（そうしたケースも多いです）というよりも、システム、つまり「今日、先生たちがどういう教育と指導を受けているのか？」という問題に突き当たるのです。個々の先生たちはそれぞれ、実に善良で熱心で、少々世間知らずな人もいますが、悪意をもって子どもを不幸にしようなどと、考えているはずがありません。

「あの先生が問題なんだよね」と着地しても、「あの先生みたいな他の先生」が構造的に生み出され続けているなら、犯人を糾弾しても、「結局そういうふうにつくり込まれてるんだからしょうがないんだよ、先生って」という虚しい結論に至るだけです。この瞬間も子どもの心は折られているのに。

どこに言えばいい？――アクセス・ポイント

地域や個別の学校ごとに事情が異なり、登場する先生たちもそれぞれですから、ここではとりあえず、アクセスするポイントが可能性としてどこにあるかを示して、そこでの具体的条件に応じて、理論編で示したさまざまな話法や技法を活用してほしいと思います。とにかく学校・教育問題では、どうしても個別アクターをターゲットに、どこかに文句と苦情を投げつけることになりがちです。そして、その窓口にされるのが「担任と校長」でしょう。もちろん、それはこの問題に対応するための重要な窓口でもあるでしょう。

でも、繰り返し言えば、これが個人の問題ではなく「システム」、つまり誰がアクターでもそうなるだろう制度化された行動やルールのパターンの問題ならば、個人を糾弾するよりも、学校と教育を見守る多様なアクターや機関と、起きたことの共有をするほうが、先生のためにも仲間の保護者のためにもなると思います。

まずは「いろいろあるアクセス・ポイント」を以下、示してみます。これらは、理論編で言うと、シャットシュナイダー先生の「紛争規模の拡大」、穏やかな表現に変えると、「私的葛藤を公的な課題にするための情報の拡散と共有」の可能性を示しています。「みんなを巻き込んで戦うぞ！」となると、心が塞がってしまう人も増えてしまいます。先に進むほど、問題の共有範囲は広がります。

A：担任（対応可能な人だと判断したら）

まずは暴言を吐いたり、説明責任を果たさない担当教員に、穏やかにお尋ねするのが常道です。「子どもの話だけでは不正確になりますから、どのようなやりとりであったのか、先生のご説明もいただきたいのです」と、「私はあなたを糾弾しにきたのではない」という姿勢とオーラが大切です。

B：他の先生（善意で板挟みになっている）

そこで起こったことを事実として共有している横並びの関係の他の先生にお話しをするのも、大切なアプローチです。当の先生も前がかりになったり感情的になっていたり、本当に心身のコンディションが悪くなっている場合がありますから、それを見守りながら、どうしたものかと悩んでいる人がいれば、コミュニケーションが進展することもあります。

C：PTAの学年委員会（起こったことの共有）

PTAという組織は、すべての出来事に関われませんが、その組織の中に、唯一本件に関わりやすい役割を担っているのが、いわゆる「学年委員」（学級委員と呼称されることもある）です。

各クラスから選ばれた委員が、各々の教室で起こっている出来事に関する情報を共有していますし、「そのことは我が子にも起こりうることかも」と思えば、みなさん話を聞いてくれます。助けとなります。

D：校長・副校長（順番は慎重に）

問題が、一教員の対応の範囲を超えたら学校のツー・トップが窓口です。学校によっては、「担任の負担を減らすために、校長に直接ご相談してもらってもかまいません」というところもあります。最初は副校長に相談をして、校長の力とセンスを最大限に発揮させるために、ワンクッションを置くほうが良い場合もありますが、これは校長のキャラクター次第です。

E：学校運営協議会（法的権限がある）

文科省が提唱した「地域とともに子どもを育てる」コミュニティ・スクールが、およそ七割弱くらいの学校には設置されています。「地域学校運営協議会（運営委員会）」などと呼称されます。実態は、学校ごとにいろいろですが、きちんとした法律に根拠があって（「地方教育行政の組織及び運営に関する法律」四七条の五）、学校の運営に関していろいろ意見を述べることができます。

F：各種委員会やPTAサークル（校庭開放委員会、放課後問題サークルなど）

学校によっては、土日に児童のサポートをする「校庭開放委員会」などもあり、またPTAが活動の補助をしている各種「子どもと学校と地域をつなぐ」サークルもあります。学童保育の年限はいろいろ異なりますから、高学年の放課後の居場所を考えるサークルに、「実はこんなことがあって」と、相談することもできますし、その中に学校運営委員や、PTAの学年委員さんが含まれていれば、いろいろな知恵が出てきます。

G：教育委員会学校指導課や校長会・副校長会

教育委員会の学校指導課（のような部署）に直接話が入っていく時は、かなり問題が深刻になった場合でしょう。そうなる前に、妥当なところに着地したいものですが、とりあえずここも大切な窓口であることは知っておきましょう。注意するべきは、（地域によってさまざまですが）教育委員会は各学校に直接的に「強い指導」をしようとしません。あまり期待しすぎないことが大事です。

H：都道府県の教育委員会（教員の研修についての権限がある）

ここに至る事案となった場合にはチームで、かつ法的代理人（弁護士）などをともなっていくことが必要かもしれません。ただ、押さえておいていただきたいのは、区市町村の公立学校の教員の「人事・給与・研修」に関して権限を持っているのは、この都道府県の教育委員会です。教員が「残念な教員教育を受けているようだ」とするなら、その責任はこの都道府県教育委員会にあります。

I：自治体の子ども子育て会議（行政版・市民版）

各自治体には、いわゆる「子子会議」と呼ばれる、市民の意見を代弁する会議メンバーがいます。そして、自治体によっては、この会議のメンバーを「子育てや教育に関わるより多くの活動者」へと広げて「子子会議市民版」などという活動をしているところがあります。ここには、多様な人々が出入りしますから、相談できる人があっという間に見つかります。実に心強いアクセス・ポイントです。

J：自治体議会議員（文教委員会所属議員）

各自治体の議員も、もちろんアクセス・ポイントです。とりわけ、文教委員会に所属している議員は、議会での質問の中に直接の個別事案を訴えることはなかなかできませんが、各種質問をしてくれますし、それはきちんと議会の議事録に記録されます。これは、行政との交渉の場面で武器となります。

K：各種自治体の「ほっとライン」（「首長への手紙」など）

都道府県や自治体にも、「区（市町村）長への手紙」や「子どもほっとライン」などといった入り口があります。教育に関する市民の声に関心がない「土建首長」などは、これをガス抜きとして設置しているかもしれませんが、関心の高い首長は、事態を憂慮して各種行政部局に「調査をしてください」などと動いてくれる場合もあります。

L：各種メディア

SNS時代においては、メディアとの関係は危険を伴いますから、慎重にならざるを得ません。ここにアクセスする場合は、それこそチームを組んでいかねばなりません。大メディアの記者に既知の友人がたくさんいるような人間を発見すれば、上手にメディアを活用する助けにはなります。

以上、思いつくままに、徐々に「問題共有地平が広がる」順番でアクセス・ポイントを示してきましたが、これを順番にやるべきだということではありません。できれば、低ストレスな心のこもったコミュニケーションを通じて、子どもが「もういいよ。どうせ○○なんだろう？」と、ものを考えることを停止するようなことに決してならないようにしたいものです。

同時に、もはや地域の弱者と位置付けられるくらい追い詰められている公立学校の先生たちのために、キツい現実と向かい合っている者たちの置かれている立場を考えながら、なんとか言える、言えなくても「それ以外に仲間といっしょにできること」をやっていくことが大切だと思います。現場の先生たちを潰してしまえば、それは子どもたちの不幸につながるからです。

実践編
第7章

近隣外国人に生活マナーを守ってほしいと言いたい

近隣に多くの移民の人たちが住んでいて、いろいろと暮らしの中で問題が起こっている。政治的迫害を免れるために難民申請をして、先に日本で生活している人たちを頼ってこの街にやってきているらしい。

彼らを排除しようという気持ちはないけれど、いろいろな意味で不安や不便が生じている。彼らもこちらの生活スタイルを身につけているわけじゃないから、ゴミの出し方や深夜の騒音など、いろいろなルールが守られていないことなんかも、どうしても気になってしまう。

英語があまり通じない人も多いようで、どうやってコミュニケーションをとっていいのかがわからない。地元の人との間で、あるいは彼ら同士や他の外国人とのトラブルが生じると、夜中にたくさんの人がコンビニの駐車場や公園などに集まって大きな声を出しているのを目にすると、なんとなく不穏で怖く感じてしまう。そう思うこと自体が良くないのかもしれないと自分に問いかけるが、安心できていた生活が変わってしまったような思いになってしまう。地元と橋渡しをしてくれている古くから来日している、日本語が少しわかる移民の人もいるけれど、数は少ないし、あまり気軽にはやり取りができない。コミュニケーションがとにかく難しい。

理念ではなく現実の問題

年間に六〇万人も人口が減っている日本社会ですが、モノとカネとヒトが移動する世界の流れと無縁というわけにはいかず、外国人にとって条件の比較的良いところに、少なからずの人たちが移住してきます。これは生産業と呼ばれる第二次産業人口比率が低くなって、サービス産業が中心になりつつあった一九八〇年代からすでにずっと続く潮流です。

人件費が高い国内ではなく、為替の関係で安く労働者を得られる外国に企業の生産拠点が移動し、国内に残った拠点は、地代や家賃が安い地方都市になりました。東京は家賃や物価も高いため、関東でいえば、埼玉や群馬や栃木の近隣地域に外国人が貴重な労働力として定住するようになりました。人と水と風の流れは、古今東西そうそう簡単に止めることはできません。

日本は、世界でも珍しいくらい「政治難民」を認めない国です。メディアで報道されるクルド系の人々の問題も、難民申請をしてもほとんど認められず（これまでに一人）、仕方なく申請中の仮決定として、いくらかの期間の滞在が認められているだけです。地続きのメキシコからたくさんの人が流れ込んでいるアメリカと比べれば、永住権や長期滞在を認められにくい日本であっても、外国人との共生はもはや理念の話ではなく、現実的に直面する問題です。ひたすら外国人排除を叫ぶヘイト系の人たちもいますが、何を言おうと人の移動はコントロールできません。ですから、この問題の一丁目一番地は、**どうしたら軋轢《あつれき》やハレーションが起こりにくいコミュニケーションを構築できるか？**です。

共生の作法を育めなかった日本社会

政治学視点から最初に指摘したいのが、社会での多様なカルチュアの共存がデモクラシーにとってどういう意味を持つかという話です。デモクラシーが必要な理由は別書を参照していただきたいのですが（『半径5メートルのフェイク論「これ、全部フェイクです」』東洋経済新報社）、とりあえずこの項目との関係で大切なのは、**多くの人々の力を引き出せる空間を維持するために一番穏健なやり方がデモクラシーによる合意づくりであること**ということです。そして、そのためどうしても必要なのが「ある程度の価値観や意思疎通のための条件が共有されていること」です。例えば、同じ言語を共有する人がたくさん含まれていることは、デモクラシーを支える重要な要素です。

私たちの社会の合意形成は「日本語」という共通言語によって支えられていることは間違いありません。国民国家（nation-state：より同質的な民族や言語などを共通基盤とする国家）は、その意味でナショナルな性格を強くもたざるをえません。

アメリカ合衆国のような「アメリカで生まれなかった人たちが活躍することがデフォルトである国」では、とにかく英語を身につけることが最優先されますし、アメリカの移民史は「次世代がどれだけ英語を使いこなせるか」という教育の歴史と重なります。そして、そこに基軸としての「キリスト教」と「法コミュニティ」が、ソフトウエアとして、アメリカ民主制を支えています。アメリカが「訴訟社会」だとされていることで、多様な背景をもつ社会で法（law）がすべての人が依拠できるメディアであることがわかります。

日本の場合は、明治近代国家の建設と同時にたくさんの外国文化が入ってきました。でも、欧米からは文明と技術を学びながらも、精神は別なのだとされがちで、外国人との融合などよりも何よりもまずひとつの国が三〇〇もの「藩」によって分かれていた社会構造を、近代統一教育システム（学校・軍隊）を通じてフラットにすることで、相対的に同質的な社会をつくることが目標とされました。しかも、明治国家はそれを非常に短期間で断行しました。日本人を「つくった」のです。

そのことは日本のデモクラシーに必要な基盤を用意しました。薩摩と会津の言葉が異なり意思疎通が苦しかったことも、「共通語を普及させる教育制度」によって克服されました。

問題は、日本人同士の同質性は確保したものの、諸外国の人間との共存が求められ始めたのは、さほど昔の時代ではないということです。要するに、異文化との共生の作法の鍛錬と、それをめぐるハレーションそのものをエネルギーに転換させたアメリカ「合衆」国とは異なり、日本人は、「外と内の使い分け」によって、共生の作法をあまりきちんと育んでこなかったのです。いまだにプロ野球の外国人選手を「ガイジン」と呼ぶ習性を克服できませんし、アメリカのメジャーリーグの大谷選手の報道に「日本人初」などと無用な修飾語をつけています。

日本社会は、実はもう多様な要素を抱え込む多民族的状況になっているのに、心の習慣として、異文化の人たちを「他者」として受け入れにくいのです。社会の同質性意識が強すぎると、多様な人々を包摂する力が弱まって、「多くの人々の良質な何かを発見する」というデモクラシーの利点が活用できなくなってしまうというパラドクスがここにあります。

私もわかっていなかった

日本語には「郷に入りては郷に従え」という言葉があり、よそからやってきた者は、その土地の風習や作法に自分を適応させるのが礼儀であり、それが普通の生活技法であるとされがちです。地方都市でよく起こる軋轢は、何も外国人との間だけの問題ではありません。シャッター商店街を再生させるプロジェクトなども、多くの場合「よそ者、若者、バカ者」とまとめられた人たちが、地元の人たちに白眼視されます。外からやってくる人たちの迎え入れに慣れていないようです。二一世紀となった現在に至っても、日本の社会は「異質な者との共生、共存」がへたくそなのです。

それは、そういう日本の社会の閉鎖性にネガティブな視線を送っていた若かりし頃の私自身ですら、例外ではありませんでした。今思い出しても、過去の自分に身体化していた「日本(共同体)人」的精神習慣には、冷や汗と恥ずかしさがよみがえります。

一九八〇年代末から、私は東京の某所にある外国人留学生寮の寮長をしていました。当時の政府の「留学生十万人計画」という掛け声によって、日本の大学のある街には多くの留学生がやってきました。私は、当時寮を運営している団体と留学生とのパイプ役をする日本の大学院生として入寮し、留学生と暮らしました。人生最良の四年間でした。

ある時、同じフロアの留学生たちとBBQをやろうという計画が持ち上がり、みんなで協力して準備を始めましたが煙が充満してしまい、それを排出するために当初予定していなかった屋上にBBQコンロを運び出したところ、床のゴムラバーが熱で溶けて、一部を焼き焦がしてしまいました。屋上は水漏れなどを防ぐためにラバー加工がしてあったのです。

呑気な留学生たちは、「これくらいしょうがないよ、リョーチョー(寮長＝私のこと)。それより、あれこれ理由をつけて自由にBBQをさせてくれなかった主事さん(財団組織の責任者)に文句言いたいくらいだよ」などと言う始末です。私は、寮長として「これはいかん。まずは自分が謝りに出向いて、彼らを弁護して、管理責任を自分が背負い、そして始末書のようなものを作成して、留学生に署名をさせて、この件のけじめをつけねばならない」と、一〇分くらいの間に決断しました。今から思えば、実に日本人的な問題処理作法でした。「お詫び、現場の擁護、そして責任を負い、それを文書化」です。

私は、自分はこうした作法が身に付いていない、良くも悪くも非常識な日本人だとねじれたプライドを持っていましたから、過剰にそういう作法となったかもしれません。留学生たちにあまり相談することなく、事務所に謝りと報告に出向き、そしてご丁寧に「始末書」の原案までつくって相談に行っていました。財団はそのやり方には異議を唱えることなく、比較的寛容に「あの屋上工事は金がかかるんだよ。うちはカネがないんだから、気をつけてくれよ」と叱責するだけでこの件を終わりにしてくれそうでした。しかし、終わりにさせなかったのは留学生の方でした。

「私たち、何も悪くない。ＢＢＱなかなかやらせてくれなかったＨさん（主事の名前）が悪いよ。屋上の床がそういうラバーだったなんて、知らなかった。そんなリョーチョーがペコペコ謝って、始末書なんて書く必要ないよ！　これからみんなでＨさんに抗議に行こう！」と、せっかくいろいろと背負って、我々の不始末を許してもらう段取りを組んだのに、それを台無しにするようなことを言うのです。

彼らの発想と行動に衝撃を受けつつ、それでも私は必死で説得しました。「この国では、どれだけ言い分があろうと、まずは非を認めて素直に謝罪して、謙虚な態度を示さないと、物事の解決ランディングにならないんだよ！　勝手に屋上の床を焦がして、文句を言いにくるとは何事かって、問題は拡大しちゃうじゃないか！」と。でも、**本当の問題はそこではありませんでした。**

同じフロアに「マレーシア人、韓国人、台湾人、香港人、人民中国人、バングラデシュ人、シンガポール人」が混在している異文化集団において共有されていたメディアは英語と日本語しかなく、だからそこでは徹底的な「言葉での考えのすり合わせ」をしなければいけなかったことを、私はスキップしてしまっていたのです。彼らと議論することなく、ひとりで日本型問題処理をしてしまったということです。

それから私たちは、朝の七時まで十時間も喧嘩したり泣いたり、そして議論もちゃんとして、いったい何が問題だったのかを話し合いました。私は、「私たちに何も言わずに勝手に始末書までつくって、リョーチョーはふだん言ってることとやってることが違うよ！」と非難され、「本当に悪いと思わないなら謝らない！」という彼らの正しいロジックの力に傷つきました。

しかし、本当は何に一番傷ついたのかといえば、多様な人間が集まる場において、問題が起こった瞬間に「ここは日本だから日本作法でやるのだ」と決めつけた、つまり自分に身体化した「日本人」に気がついて、それに深く傷ついてしまったのです。「オレは普通の日本人じゃないからさ」と嘯《うそぶ》いていた自分が、いかにも日本的解決を図り、彼らとのコミュニケーションを疎《おろそ》かにしたことに愕然としたのでした。

この出来事は、異文化との共生に不可欠なものは何かという、大きいからこそ永い宿題となる決定的な問題を私に突きつけたのです。わかっていたのは頭だけだった、身体はわかっていなかった、徹夜明けのだるい体に、その気持ちが追い討ちをかけました。

日本語でできる工夫

私たちの社会で生まれ育った人間は、とにかく可能なかぎり人間同士のやり取りに波風が立たないように配慮し、忖度し、誰もが傷つかないように穏やかに問題を着地させることを求められます。「そこで喧嘩しても、だれも幸せにならんでしょ?」と。だから、私はこれまで理論編で書いてきたこと、示唆してきたことの中に、この「揉めごとを大きくしても誰も得しないでしょ?」という発想が、いくつも見え隠れしていることをはっきりと自覚しています。「言えない人のための政治学」には、この社会で内面化されている行為規範や、明確には言語化されていない独特なルールや作法がたくさん含まれているはずです。

しかし、その良し悪しをも含めて、ここで本当に「異なる考えと気持ちと歴史をもつ者たちと、どうやって協力して社会を維持していけるのか?」という問題に立ち向かうならば、そのことを自覚した上で、なおもそのやり方のもつ限界に気づくためにも、本項目が必要です。そういう相対化作業をして、行きつ戻りつしながらでなければ、どんなことも起きる実践生活に向かい合っていくことはできないからです。この「外国人とのコミュニケーション」という項目は、「言えないけれども、それでは世界は少しも変わらないから、できるかできないかは別として、〝ここを含めて考えましょうよ〟」という役割を持っていると思います。

とにかく第一に、異文化を生きてきた者とのやりとりには、最低限のコミュニケーション基盤が必要です。つまり日本語の「すりあわせ」が必要です。日本人にアラビア語やペルシャ語を学べと強いることはできません。だから日本語を工夫するのが、とりあえずのやり方です。

日本語は、漢字、カナだけとってみてもわかるように、大量の情報をもたなければ意思表出が十全にできません。移民の人びととの間でコミュニケーションをきちんととる必要があるならば、「一定水準の日本語力がある者だけ」と限定したやりとりでは足りません。**「大きく、はっきりと、簡易な表現で、笑顔で」話しかけなければなりません。**「集団的示威行動と誤解されるような行動は謹んでいただきたい」ではダメです。「ともだちはだいじだから、なにかあったらしんぱいでコンビニに集まるのはわかります。でも、日本人はそういうことが夜中におこるとこわがる人がたくさんいます。そういう気持ちをわかってほしい」と言わねばなりません。そして、どんな人間だって、不安になるパターンはありますから、そう伝えれば同じ人間としてわかってもらえるはずです。

第二に、「みなまで言うな」という日本語は、外国語に翻訳できませんから、「みなまで言う」くらい積極的な意思表示をしないと、相手に気持ちが伝わりません。とりわけ、意見が食い違ったときには話を「途中で止める」ことは、別の手段に訴える決断をしたと誤解を受ける可能性も高まりますし、お互いが不安と不信のマイナス・スパイラルに陥ります。きちんと話し合う目的は、相手に自分の価値観を押しつけて叩きのめすことではありません。自分たちはどこまでは同じ道を歩んできて、どの曲がり角で一緒に進めなくなったのかを確認するために、話し合うことが必要なのです。それは日本がホーム、相手はアウェイだなどという事情とは何の関係もありません。「そこに、目の前にいる人」がどう感じて、どう思っているかを確かめることが目的ですから、**「郷は郷でも人はいろいろ」**で良いのです。

第三に、それゆえ「暗黙の了解」という言葉を脳内から追い出しておくことが必要です。この地上に、アンモクノリョウカイなどというものは存在しないのだ、くらいの気持です。それは一部人格を変えてしまうことになるかもしれませんが、それで良いのです。人格は変えてもすぐ戻りますし、それよりも社会を維持することのほうが大切です。「みなまで言うな」問題の続きです。

忖度も同様に外国語に翻訳不能な言葉です。そんな言葉は外国人に通じません。ふだん「それは文化背景の異なる人たちには通じないのだ」と脳と理性で理解しているつもりでも、あの留学生寮での私のように、気がつくと移民の人びとを相手に「忖度」や「前提のない了解」を求める失敗に陥ってしまうかもしれません。何度でも言いますが、身体化されたものは余裕がなかったり、不安に心がやられかけていたりしたときに「地金」として現れます。

そして、最後に付け加えておくべきことがあります。それは、**「差別に寛容であってはいけない」**ということです。脳内のどこかで、この完結した島国にぼんやりと「日本人が住んでる」という基本イメージを持っている人が多いため、日本社会は、人種的分断と対立と紛争が日常化されていません。それはあちらこちらで起こっているのですが、生活の風景になっていないのです。イラン人同士のトラブルがあったと聞くと「ああ、昔から上野でテレホンカード売ってた人たちね」となり、クルド人の話は「ああ、川口だろ?」くらいです。自分の街ではそういうことはあまりないと思っているのです。悪意ではなく、「基本は日本人ばっかりの空間」と思っているから、人種問題に反応が鈍いのです。

韓国や中国系の人たちが生活をしている東京新宿の新大久保の通りや、在日韓国・朝鮮人が永く定住している京都を「韓国人と中国人は国へ帰れ！」などと叫ぶヘイト行動がかつてありました。各自治体がそうしたことを禁ずる条例をつくって対応していますが、それが緩いところでは今でも起こります。川口のクルド人へのヘイトはまさにそれです。

そんな蛮行は、海外なら即大騒ぎとなり、ストリートにはものすごい人たちが集まり、〝Say

NO to Racism !〟と叫ばれるでしょう。人種差別的行動は全方位から吊るし上げられるものであって、世界では日本社会のように寛容には扱われません。これは「世界水準」の認識なのです。

差別に寛容であってはならない理由

ひどい人種差別行動をする人たちは比率で言えばわずかです。基本は、みな善良な人たちが「一人ひとりの人間を大切にしなければいけないな」と思っています。しかし、世界は差別的行動を「黙って見過ごすこと」に対して、日本社会ほど寛容ではありません。トルコ国内だけでなく、周辺国にも散在している少数派民族である件《くだん》のクルド系の人々の被差別経験には長い歴史があります。一七世紀初頭から始まるアフリカ系の人たちへの人種差別の問題は、公然と隠然とあり、なおも北米社会では解決されていません。それゆえに、人種差別に対する反応は非常に鋭敏かつ強いものになります。その「反応力」という点において、極東の島国で生まれ育った人たちは鈍感になりがちで、「見過ごしている」と受け取られてしまいます。

日本社会で超少数派である移民の人びとと、可能なかぎりのコミュニケーションをとって、日本住民と相互の安全と安心の水準を上げていくならば、差別的な行動は絶対にあってはなりません。それは、お互いの心を閉ざさせ、不要な疑心暗鬼やねじれた心を再生産させ、その苦しみや悲しみは、次世代の子どもたちの心に影を投げかけます。葛藤や軋轢を未来に拡大させます。

最後にこれを強調しておかねばならないと考えた理由は、外国人との共生にあたって、この「悪意もなく差別に寛容な私たち」のふるまいが、彼らとのコミュニケーションの障壁になっている可能性を感じるからです。ここは、日本の社会で生きる人たちの宿題です。そして、本書の「言いたいけど、そうそう言えない」と感じている人へのメッセージという性格からすれば、そこからはっきりと離れた「言えないけれど、黙っていると、もっと言えない状況が悪化しますよ」という部分になります。

そうだとすれば、ここを克服するために、私たちは理論編で示された「毅然と言う」というやり方を、その場に応じて、可能な限り多くの人たちの心を開かせることを目指して、なおもトライしていく以外にありません。

実践編
第8章

地域イベントをやってみようと言いたい

地域のなかで小さい子を抱える若い世代のお母さんお父さんたちが、困ったことが起こっても孤立してしまって、助けを求めたり相談することができなくなって、ストレスを抱え込んでいる様子が見られることがある。現代の子育てはひとつの家庭では完結不能だと思うので、できることは協力したいのだが、コロナ禍で人々のコミュニケーションの頻度が下がった数年間となって、そもそも地域でのつながりが薄くなってしまった。

地域のゆるいつながりを生み出すために、公立学校は活性化の場としてうってつけだと考えている。そこで働く先生たちの負担にならないように、例えば「学校カフェ」など近所の人たちと知り合える行事やフェスなどを地域住民が企画・運営するというかたちでやってみたい。保護者の方がたにはPTAを通じて参加してもらうのもいいかもしれない。

そんなことを学校側に提案してみた。すると、学校施設管理者である校長先生や副校長先生はことごとく「それはできません」、「許可できません」、「無理です」と埒が明かない。

議論がスタートすらしないのがもどかしい。こちらの話すことに、せめて耳を傾けてもらう方法はないか考えている。

地域の拠点としての公立小中学校

公立学校の施設管理運営責任者である校長先生と、星の数ほどの案件が降ってくる校長が適切かつ効率よくその処理をできるようにするために、副校長（東京都ではそう呼びますが、「教頭」と呼ばれる地域もあります）は、お労《いたわ》しいとしか言いようがないほどの雑件の掃き溜めの中にいるようです。学校運営には、教務（教育）と管理運営という二本柱があります。公立学校では、児童数に応じて仕事を分担できるように副校長を複数置いているところもあります。それぐらい大変なポジションなのです。そして、現在その多忙なるポジションに新たな課題が押し寄せています。それが公立学校の「地域拠点化」です。

少子高齢化の進む現代日本の社会では、公立学校は地域に分散して存在していますから、ありがたい地域リソースとして見直され始めています。全国津々浦々にある学校は、人口減少により共同体やコミュニティの基盤が揺らいでいるこの時代に、地域を生きる人々を結びつける色々な意味での「拠点」なのです。

地域の町会や自治会がかろうじて機能し続け、専業主婦が無償労働を提供し続けている場では、村落共同体、防災組織、PTA組織といったものが同芯円状に展開していて、生産と生活の拠点として長きにわたって継続しています。しかし、都市部ではもう町会や自治会も高齢化が進み、消防訓練なども「ホースはあるが重くて持てない」、「マンホールを開ける体力がない」などといった事態が頻発しています。

それゆえ、日本の多くの都市部では、地域生活の拠点がどこにあるのかが曖昧なまま、町会も商店街も弱体化して、コロナ以降最後の砦とでもいうべきPTAも、専業主婦の激減によって、新しく仕様を変えていかねばならない事態となっています。地域コミュニティの拠点の有力候補が、公立学校（小中学校）なのです。

新しい役割に追いつけない

しかし、そうした社会の変化、社会組織の求められる役割の変化に、公立小学校の内部にいる人たちは、簡単にはキャッチ・アップできません。それは彼らに能力がないからではなく、そういう役割を前提に、教員の教育が行われていないからです。学校は、教室が荒れることなく、保護者からのクレームがミニマムで、いじめ対策のために頼りないリソース（教員不足・働き方改革）を割かずにすみ、なるべくうつ病になる教員を出さず、学習指導要領にそった授業をこなし、なんとか一年間を終わらせること以外にものを考える余裕も、学ぶ機会も、横並びの関係で相談する機会（組合！）もありません。

しかし、コロナ禍でいっそうひどくなった「外で遊ばない子どもばかり」の状況、高学年の子どもが学童保育に行けず居場所もなく、塾か公園でのゲーム以外にやることがない事態に、地域を生きる大人たちは「このままでは大変なことになる」という危機感が強くなるでしょう。だから暮らしの流儀と子どもの姿といびつな大人の労働生活風景を見るにつけ、「大人も子どもも地域もみんなが集い、話し、過ごすスペースが必要だ」と考え至ります。

それゆえ、地域の生活の拠点としての学校のもつリソース（教室・校庭・体育館・その他）を、地域の人々のコミュニティ形成とコミュニケーションの場として提供してもらえたらなと考える人たちが増えているようです（そもそも、住民税を払って租税を原資に運営しているのですから。でもそれは学校の先生たちには絶対に言ってはなりません）。でも、日々猛烈な数の案件と、子どもたちと共に生きるという職業的宿命、文科省、都道府県教育委員会、自治体の教育委員会、校長会、副校長会などからの管理、そのための忖度などに消耗しきっている学校施設管理者には、「地域公立学校こそ少子高齢化時代の拠点である」などという問題提起に対応する精神的、物理的余裕はありません。「地域が育てる教育」という看板のついた文科省のコミュニティ・スクールも、近隣校との年に二回の会合をやって「連携していることにする」のが精一杯です。

学校長は施設管理責任者ですから、校長が現場に来なくても「常識の範囲で楽しくやってください」と言って許可すればそれで終わりです。でもなかなかそうはなりません。公立学校の校長には法的にはものすごい権限があるのですが、その権限を自由な判断で行使できるか否かは、「個の判断」に左右されます。疲れて萎縮した多くの人は、「荒れない学校運営」以外に脳内余白は見つけられません。

だからＰＴＡや保護者からもたらされる各種のイベント（盆踊りの復活・地域の神社のこども神輿・食に関するフェス・スポーツイベントなど）のために「教室や校庭や体育館の開放を」という要望を前にすると、身をすくめてしまうのです。ＰＴＡや保護者からの要望は、「ダメです」、「許可できません」、「そのタイミングは教員研修で多忙でダメです」、「教育委員会のガイドラインに載っていません」とされることが多いのです。教員として受けてきた教育には教務以外のものがなかったから、「我が校と地域の特性に鑑みて、独自の運営をする」と腹を括るような、職業人としてのつくり込みをされていないからです。

多くの保護者たちは、この「これ以上仕事を増やしたくない」という学校のあり方に、ため息をつき、諦め、そして「教育委員会がダメだって言ってるらしいよ」という不正確な知識にもとづいて合理化と内面化をして、「学校＝使えないコンテンツ」とエネルギーを下げていき、「外注で良くない？」となります。

「学校カフェ」を考える

コロナ禍三年余りの年月で、いろいろなものが失われましたが、その中でもなるべく早く取り戻さなければいけないなと思うものは、**地域の暮らしの中で楽しく協力をしていく「あったかくて自由な空間」で過ごす喜び**です。とにかく、未知のウィルスへの怯えから始まり、行きすぎた不寛容などもあり、私たちは家を一歩出た社会関係のやりとりが薄く、細くなってしまった感があります。そのため、ＰＴＡ的なるものに集まる人が減少しています。

もちろん、昨今ようやく、コロナ禍が契機となって圧力的な参加や意思確認なしの輪番強要への疑問が高まって、ＰＴＡの任意性が理解されつつありますから、活動参加者が減っていること自体が問題だと言いたいわけではありません。それはＰＴＡでなくてもいいのです。

地域での生活には、頭が下がるような善意と利他精神によるギビング（慈善）でもなく、サービス提供を金銭との交換で得るようなもの（ビジネス）でもなく、「隣人と話したい、話を聞きたい、一緒の時間を楽しく過ごしたい」という楽しさを基盤とした「幸福な凸凹ギビング＆レシービング」という関係性があるのだというセンスを取り戻したいということです。献身でも銭金でもない、「楽しい協力構築」をする喜びです。

人間は、会社に行って帰ってきて、買い物をして、ご飯をつくって、宿題をさせたり子どもを塾に行かせたりして、お風呂に入って寝るだけ……で生きているわけではありません。日々の生活は、愛の共同体（家族や親密な友人関係）ですらさまざまなストレスや葛藤、人間の欲望がもたらす澱みのようなものを生み出しますし、それは適切に処理・処分されないといけませんから、私たちは楽しく話したり、愚痴を言い合ったり、自分の歪《いびつ》さや不安を確かめたり、思いがけずに勇気やエネルギーをもらったりして、なんとかバランスを維持して死ぬまで生き続けます。そのためのスペースと機会が必要です。そこで浮上してくるのが、たとえば「学校カフェをやってみよう！」という提案です。

とりわけ日本の街場では、専業主婦がもはやかなりの少数派となってしまって、それでいてハウス・キーピングは慣習的にまだまだ女性の負担が重くて、会社と家の仕事で気持ちの行き場がなくなってしまいがちですから、誰もが集まって一息ついて、自分のこと、家族のこと、地域のこと、将来のこと、何もかも含めて、友人、知り合い、名前は知らない知り合い、先生、商店街の人、中学生、高校生、地元の大学生、おじいちゃん、おばあちゃん、つまり地域の老若男女が、学校でやっているカフェにふらりと立ち寄るということが実現すれば、コロナで失った何かを取り戻せるかもしれません。

そのために、その経験もポジティブ・イメージも言葉も蓄積していない若い親御さんたちが「ＰＴＡ？　なんでまた仕事増やさなきゃいけないんですか？」と反応しないで、なんとか「最初は負担かなと思ったけど、やってみたら楽しくて、ああ、これまでいろいろやってくださった人たちがいたんだなって思うようになって、今はけっこう無理なくやってますよ」というところに持っていきたいわけです。

この協力構築を実現するためには**「そういうのいいよね？」というウィスパーを、「やりませんか？」という誘いのボイスにして、「そりゃいいね！　やろうやろう！」というコーラスをつくらねばなりません**。でも、これを従来までの「頭が下がるような献身的尽力をしてくれる専業ママのトシ子さん」の援助で行うことは、今やあまり期待ができません。なぜならば、そんな人はもう二一世紀の街場にはあまりいらっしゃらないからです。

じゃあ、この幸福なスペースづくりという目的を共有しているママパパたちが集合してみたらとなりますが、これも理論編で触れたように「やりたいことが運良く同じだった人がたくさん集まる」という、けっこう打率の低い協力環境です。「子どものためです」「地域のためです」という大雑把な言葉だけでは、そのヒット率は上がりません。そこには、もっと多様な人々の参集が必要なのです。

では、このプロジェクトの意義を、町会を回って平均年齢七二歳の人々に三年かけて伝えますか？　無理です。そもそもそれを誰がやるのかという問題も、時間がかかりすぎるという問題もクリアできないからです。理論編で触れました**相利という考え方**が活きてくるのは、この時です。

異なる着地点を見ながら協力を構築する

この事態をどうにかするためには、学校開放のために動く人たち全員が同じ目標と幸福のイメージを「完全一致で」もつ必要はありません。このプロジェクトを声がけしたい人たちは、学校(施設管理者)、児童保護者(ママパパ)、そして地域の皆さん(町会、商店街、地域行政施設の職員など)でしょう。このカテゴリーに分かれたみなさんが「着地したい場所」は当然いろいろです。微妙に異なります。そこで「だめかも」と立ち止まると、「みなさんそれぞれのお立場がありますから」となって、「ま、時期尚早ということで」となります。

でも「違っていて当然」から出発すれば、課題は、どういう説明をすれば「これは誰にとってもウィンウィンだ」と得心してもらえるかです。つまり、「異なったゴールを維持したまま共通の目標をつくってみる」＝「学校カフェやりましょう」、となるわけです。

ＰＴＡ関係者は、カフェをやりたい。学校(校長)は、そこにコミュニケーションの場ができることで、地域や保護者が学校をどう見ているのかについて質の高い情報を得ることができるし、それは学校運営に活きてきます。しかも、相当な権限を持っている校長からすれば、一定時間に学校を地域交流の場として開放することは、さほどの行政的コストもかかりませんし、盆踊りなどの先例もたくさんあります。「いいですよ」と言えば、次週から実現可能です。

保護者は、仕事と家事と育児で疲れた心身の息抜きもできて、人ともつながれるし、やはり学校や地域の情報を得られます。ＰＴＡとはまた異なる、ゆるりとふわっとした時間と空間です。参加のハードルはグッと下がります。地域の皆さんは、ここでのつながりをきっかけに、防災や防犯に必要な人材が高齢化によって得られにくい苦境を抜け出すことができるかもしれません。

商店街で商売をやっている人も、たとえ自分に子どもがいなくても、あるいは結婚していなくても、子どもたちにとっての「位置付けにくいけど何だか面白い、親でも先生でも友達でもないナナメの関係」になるというグレートな役割を得られますし、それは間接的に商売にも活きてきます。地域の児童館やまちづくりセンターの職員は、まさに自分たちの仕事に必要な情報を得られ、現場を知る行政としての質が上がります。

こう考えると、各々のアクターに「みなさんそれぞれの幸せのゴール・イメージに近づけますよね？」と、「ＰＴＡの立場」をくどくどと説明することなく、呼びかけがしやすいのです。理論編・第3章Cの1「仲間をつくる」で出てきた外務省のみなさんへのお声がけを思い出してください。そして、特に注意しなければいけないのは、リソース（場所）提供の是非を決める校長先生の「脳内幸福イメージ」に、「混乱」「不測の事態」「増える煩雑な仕事」が入り込まないような「言葉選び」です。「お願いします」とぶら下がるのではなく、「特定のお時間に地域の皆さんがホッとして集まれる場所を提供していただければ、細かいことや現場はすべて我々がやりますので」と、**とにかく「安心させる」**ことが肝要です。

それぞれの利益関心は微妙に異なりますが、ここに挙げられた人たちは、学校カフェ開放が実現することで、各々の「行きたい地点」に近づくことができます。まさにウィンウィンです。それは、一方的な援助、偶然の共通目的の発見という協力構築に比べると、相当「合力」しやすいものだと言えましょう。

少々長くなりましたが、私たちは「仲間をつくる」やり方も、きちんと切り分けて考えれば、いろいろとバリエーションを持ちうることがわかります。ここでの協力は、「言われて仕方なくやった」、「昔からの付き合いだから断れなかった」、「いつもやってばかりだからお返ししなきゃと思った」のいずれでもなく、「それは我々にとって良いゴールだ」というポジティブな認識に支えられた協力です。統治でも銭金でも献身でもカリスマでもありません。まさに「協力」なのです。

その時、理論編でお示ししたいくつもの工夫が、「活きる技法」として浮上してくると、私は思います。

実践編
第9章

多様な選択肢をつくって
と政治に言いたい

普段からとりたてて政治に関心が高いわけでもなく、自分の生活や将来に関わることについては、その度ごとにメディアに流れてくる記事を見て、各々の反応をするくらいですが、昨今の政治のありさまは底が抜けたように酷いように見えてしまう。

どこが政権を担当しようと、そこそこ経済が回り、あまり未来の心配をしないで生きていけるような社会を望むだけだが、「失われた三〇年」とか、「安いニッポン」とか、「子ども一人大学出すのに一本（一千万円）」、「介護をする人の給料が下がる」、「賃上げなきインフレ」、そして極め付けは「政治家のお金の管理のずさんさ」などを耳に目にすると、本当に頭に来てしまう。

政治家に緊張感を持ってもらうために、次の選挙では与党以外に投票すべきかなと考えているが、野党はたくさんあってバラバラでまとまっていないので、当選者が一人しかいない小選挙区では、どんなに与党議員候補に不満を抱いても、最初から勝負がついているような気がして、白けてしまう。

選挙に行きたくなるような対立図式をつくってもらいたいので、「野党は選択肢をつくってほしい」と言いたいが、誰に、どう伝えればいいのか。そして、内閣の支持率が下がっているのに、多数ある野党の支持率も上がらず、与党のみならず、本気で勝負をしようとする気がない野党にもイライラがつのる。

選挙制度にベストはない

日本の衆議院議員の定数は四六五人で、そのうち二八九人が「当選者一名」の小選挙区で選ばれ、残りの一七六人が、各地域ブロックの比例代表選出（政党名を書く）で選ばれます。英国のように六五〇人全員を小選挙区で選ぶ制度より、比例代表議員枠の比率が三七・八％あるため、小さな政党もいくつか議席を得られます。でも小選挙区制度は、やはり政権担当政党を選ぶ制度ですから、この並立制度はやや中途半端です。

比例区枠の一七六人には小選挙区で惜敗した候補者も含まれています。民主政治は、与党に緊張感をもたせるため、一定周期で政権担当者を交代させないとならないのですが、落選させたい候補者を「ちゃんと負けさせて比例当選させない」ためには、野党がバラバラに戦っていては政権交代が起こりにくいのです。

もちろん、選挙制度にはベストなものなどなく、どの制度も一長一短ありますから、ベターなもので可能な限り民意を議会に反映させていくしかありません。政党支持率を正確に議席配分に反映させつつ、同時に小選挙区で「人を選べる」小選挙区比例代表併用制というやり方がドイツでは採用されています。これは、日本の制度の欠点を補うにはベターな制度だと私は思います。

この制度では、政党の得票数ですべての議席を比例配分しますが、配分数を各政党では小選挙区で当選した候補者を優先して満たします。日本の選挙は、小選挙区と比例が「別々に」カウントされますから、結局のところ「どのくらいの有権者に政党名を書いてもらったか」（比例での政党の得票率）と「どれくらいの議員が四六五人の中を占めるか」が大きくズレてしまうのです。

ちなみに、二〇二一年に行われた衆院議員選挙では、「政党別競争」として、ドイツ型で計算すると、自民党は一六二議席で、獲得議席二六一よりも一〇〇も少なく、当選者一一名だった国民民主党などは、比例で四・五％得票していますから、本来なら二〇議席です。共産党は七・二％ですから、本来なら三倍以上の三三議席、れいわ新選組も六倍の一八議席です。つまり、投票に行った人たちの「政党別競争」をカウントすれば、自民党も公明党もとっくの昔に「野党」になっているはずなのです。その意味では、現行の選挙制度は「どの政党を支持するか」というベースでいえば、民意を正確に反映していません。

しかし、小選挙区というやり方は、当選者を一人だけとしてガチンコの二人による競争をしていけば、二つの大きな政党へと社会の利益が集約されていくはずだという想定でつくられています。ですから競争する両陣営がそれぞれできちんと協力し合って自分たちのグループをつくらないと、選挙をやる前に勝敗が決まってしまいます。与野党いずれも、候補者がまとまらない側が負けます。

小選挙区では、一〇人の中から一人を選ぶ状況となった時、比較的強い一人が残りの九人の中の一人を説得して仲間にすれば、二人の合計と八つに分割されてしまった票の戦いとなって、やる前からもう勝負はついてしまいます。

そういったことが二八九の小選挙区でいろいろ展開していて、結果的に政党としては投票者の三五%、すべての有権者の一九%くらいしか支持されていない政党が、議会において六〇%に迫る議席を獲得しているのです。

政党は部分（part）の代表

こういう現状を知ると、やはり疑問が浮上します。「どうしてこんなに小さな勢力の野党がまとまらずに林立しているのか？」です。連立政権をつくっている自民党と公明党と、「第二自民党で良い」と公言している日本維新の会を除けば、日本には五つも野党があります（二〇二四年の選挙で、「参政」と「保守」の二党が加わりました)。政党が林立していること自体は、政治学的に考えれば別に不思議なことではありません。なぜならば、政党とは〝political party〟なのであって、つまり「部分(part)」だからです。**政党の役割は、社会に散在するさまざまな利益関心を集約して表出することです**。ですから、各々の志を持った者たちが集まってつくる政治集団は、オールオーバーな全国民の利益関心に応えるわけではないのです。

「我が党は国民政党である」ということを米ソ冷戦時代に自民党は度々強調していましたが、それは社会主義を掲げながらも政権を獲得する気がまったくなかった旧社会党が「我らは階級(労働者)政党である」と言っていたことに対抗して、「広く国民の意見をとり入れる」という意味で使ったのです。でも実態は、「財界と地域の農林水産業者と街場の商店街や各種業界団体」という社会の「部分的利益層」の声を背負った「パーティー」だったわけです。でも一人でも多くの支持者を得るために、「自分たちがつくるニッポン」について、看板(党名)もメニュー(政策)も総花的かつ包括的なことを掲げます。

しかし、政策メニューは、政治集団が立ち上がった時の志の「覚え書き」であって、それを私たちは「政党綱領」と呼びます。それは党ができた時にみんなで語った理想です。いつ実現できるかはわからないけれども、自分たちが進む方向が示されているものです。それは各党それぞれ異なります。

「競争に勝ち抜くことができる一部の資源と才覚を備えたエリートによる成功がトリクルダウ

ンすることこそ、国の発展の図式だ」とする人たちがつくったパーティーは、「そのためには福祉や所得の再分配（税金の傾斜配分）ではなく、借金のない国家が市場の自由競争を促すべきだ」という綱領をつくるでしょう。

他方、「巨大な経済市場をグローバルな世界でコントロールすることは不可能だから、経済格差が生まれたら、社会を生きる人たちの希望を失わしめないために、政府が適切に介入して、財政出動をして雇用安定の調整役となる」と考える人たちの政治集団は、別の社会利益（普通の働く人たち）を背負う綱領をつくるでしょう。そうやって、社会のさまざまな人々の利益関心は政治の舞台で踊る役者たち（政治家）によって表現されるわけです。

「綱領」と「公約」？

しかし、政治家も有権者もメディアも、多くの人たちが勘違いしているのが「綱領」と「公約」の違いです。野党がたくさん林立していてまとまらず、そのために多くの選挙区で「もう結果が見え見え」状況となっていますから、「それじゃ選挙にならないし、与党に緊張感を与えることもできないから、野党に対して「小異を捨てて大同につきなさいな」という声は上がります。「個別政策のちょっとした違いは棚に上げて、政治権力グループをとり替えるという目的でまとまりなさいな」です。しかし、それがなかなかできないのです。「小さな違いじゃなく、決定的な違いですよ」というのがその理由です。本当でしょうか？

ある政党はこう考えます。「外国に依存している燃料資源やさまざまな原材料が高騰していて、そこに円安が拍車をかけている。経済成長の契機は見出せず、グローバルな競争に負けて賃金が上がらないのに、物価は爆上がりで、平均年収四五八万円（二〇二二年）の日本の生活者は苦しい。とりわけ、若い人たちの可処分所得の下がり方は尋常ではなく、あらゆる社会的停滞（少子化、未婚単身者の激増、福祉介護や年金制度の脆弱さ）の根本原因である」と。そういう現状評価ならば、それに応じた「公約」を選挙前に示します。

でもこれを「綱領」と誤解してはなりません。**綱領**とは「あの時の有志たちの掲げたキラキラとした夢」です。でも、**公約**は、選挙が終わって自分たちが政権担当者になったら、その次の選挙までの間に、他党と協力できる項目リストなのです。だから賞味期限は任期の続く三〜四年しかありません。理想は別政党ゆえ分かれますが、このヤバい状況を緊急避難的にでもなんとかせねばと思う人たちは団結する必要があります。そんな時は、根本思想ではなくて、四年間の無理のない政策協力リストを呼びかければ良いのです。そして、それこそが選挙の「公約」なのです。

なぜならば、綱領に書いてあるようなことは、数十年、政権を四つか五つくらい潰すくらいの時間とコストをかけないと実現できませんが、**公約は、まずは当面それを進める時の協力者を募るものですから、「あれこれ理想はあるが、まずは協力しないと国が潰れるな」と思う人**

は誰でも参加できるものだと促せるはずです。

もちろん、このように社会も経済も停滞することになった責任がありますから、この中に与党陣営の人は簡単には入れません。ただし、その失敗の経験を活かして本気で協力できる人は入ってもらいます。野党が政界を再編成する時には、党内で冷飯を食わされていたけど良い政策とアイデアを持っている与党議員に協力を求めることも、「とりあえずこのままじゃダメだろう」という時のやり方です。それも含めて、協力を取り付けるための「ノート」として、公約は機能させればよいのです。

「根本的な違いだ」と頑迷に他党との協力や共闘を避ける政治家もいますが、この世の政治家の大半は努力してこの国を潰して自分の懐《ふところ》を肥やそうとする人ばかりではありませんから、それだけでも同じ車両に乗れるはずです。その言動に疑問符をつけたくなるような政治家もいますが、スケールのでかい巨悪を断行しようなどという大物は、今日そうそういやしません。各々の事情に応じて、やるべきことをやらなかったり、やってはいけないことをやっていたりするだけの小者なのです。そして、それは我々有権者の映し絵です。

だから、ネオリベ的なトリクルダウン支持者も、「あと四年の間でできることはたかが知れているから、追い風を受けている業界がきちんと経済を回せるように、原料コスト・インフレ対策を政府がやることは必要だ」と考えれば、この惨状から抜け出すため「今は喧嘩している時ではない」として行う協力は可能です。協力を打診された側が、呼びかけた側に対して「顔を見るのも嫌な連中だ」と心でいくら思っても、「この国に必要のない消滅してほしい政党」などと酷いことを言われたこともぐっと飲み込んで、政治家として一〇〇万ドルの笑顔をもって、「よろしくお願いします」とやるべきです。それが政治だからです。

メンツも過去の経緯も今の感情も全部棚に上げて、「とにかく最悪の連中を議会から追い出しましょうや」と言ってチームをつくると、有権者の多くの脳内にアドレナリンが分泌されます。投票する気が出てくるでしょう。政党には、そういう風景をつくっていく責任があります。万死に値するのは「ちゃんとした対抗図式をつくることを怠る」ことです。それができなければ、政治家が民主政治を看板に掲げる世界に存在する意味はゼロです。**公党の責任とは、有権者に選択肢を提供すること**に尽きます。それをやらないなら、与野党含めて全員退場です。

生活の中でできるアクション

課題は、それをどうやって政党や政治家に伝えるかです。私は、著作や各種媒体で「公約と綱領を分けて考えよ」とこれまでもずっと提言してきましたが、多くの読者のみなさんがそうできるわけではありません。ですから、生活の現場からできること、そのためのヒントを示してみる必要があります。

ＳＮＳなどでは政治家への人格を貶めるような罵詈雑言が飛び交って暗い気持ちにさせられ

ますが、政治家に限らず、人間はそんなひどいことを言われて「反省して、襟を正して、修正してみる」ようにハートを開くことは絶対にありません。各種の罵倒語は、無名の安全地帯で行われる「感情の排泄行為」に過ぎず、**それを見ている有権者のみならず、政治家自身も悲観と絶望の中で気持ちを荒《すさ》ませます。**

多くのみなさんは経験がないので「え？　その程度でいいの？」と思うかも知れませんが、選挙を手伝い、現職議員の事務所が近所にあって何かと出入りした経験をもつ私としては、「どうして公表されている議員や候補者の事務所に直接電話をしないのかしら？」といつも思います。「電話を入れても適当に応対されておしまいじゃない？」と思うかも知れませんが、厳しい選挙を何度も経験してきた議員なら、「一本の電話の後ろに三〇〇人がいる」というぐらい、そうした電話に神経質になります。選挙も終盤になって、メディアが「〇〇候補安全圏」などと流した中間報告がどんどん陣営を弛緩させて、最後に一〇〇〇票以内で刺されるような悪夢はどこでも正夢になりうるからです。

試しに、友人と手分けして、例えば東京なら都内の野党共闘の要となりそうな政党の候補者全員の事務所に電話を入れてみたらどうなるでしょうか？「これまでも何度も期待してきたけれど、有権者の気持ちも考えも放置してきましたね。これが最後です。小異を捨てて、有権者のための勝てる選択肢をつくってください。それをやらないならもう応援はやめて与党に投票して、与党内から政治を変えてもらいます」と伝えると効き目があります。

「与党候補と競っているふりをしているかも知れませんけど、あなたが比例代表で復活しても、緊張感のない与党候補を落選させることになりません。あなたは、たまたま選挙に弱い与党候補と戦っているから、ダメでも比例区でという安易な発想かも知れませんが、次の選挙では風に乗って野党でも与党でもない〝ゆ〟党みたいな政党が候補を出しますから、根っ子のない枯葉みたいなあなたの基礎票なんて、風が吹けば吹っ飛んでしまいますよ。そうならないために、共闘を呼びかけて、有権者のやる気を出させて、投票率を上げなきゃダメでしょ？　この電話のやりとりは、SNSにも上げます。ご検討をお願いします」でもいいです。カラシが効いていて、鼻がツンツンします。

「そんな口上を電話でとても述べられない」という怖気があれば、それはSNSでもいいし、押し出しのいい友人に頼めばいいし、全部自分でやらなくてもいいのです。理論編で書いたように、「勇気をもってものを言ったひとを孤立させない」を思い出せば、自分が電話できなくても、チームをつくって、「一日ひとり二〇本電話してみようよ」と呼び掛ければ、「一人の声の後ろに三〇〇人」と仮定して、二〇人の友達が二〇本かければ、四〇〇かける三〇〇で、理論上は一二万人を候補者に意識させることができるかもしれません。

電話の先は、候補者の事務所でもいいですし、政党の都道府県単位の事務方でもいいです。自治体の地方議員の知り合いに、「共闘を呼びかけて、やる気の出る選挙にしなかったら、区議会議員の応援もしないからね」と圧をかければ、自治体議員は国政選挙の際の下半身としてフットワークよく動けと言われている以上、それを忘れるわけがありません。

私は、昭和に生まれ育った人間なので、同じように昭和ドップリの政治家が、「直接の電話」に反応することを知っています。若い人は、会社で「電話ベースでクライアントに対応してね」と命令されることを「テルハラ」などと言うそうですが、こと選挙に関しては日本全国二八九もある選挙区のほとんどが「田舎の昭和ベースの空間」です。だからXやFacebookにいくら書き込みをしても、それはあまり候補者の切実さに響かないこともあります。汗まみれで選挙をやっている現場では、商店街で耳にした噂とか、事務所に入った電話とか、「いつもポスター貼りしてくれてた知人がいない」とか、そういうことこそが非常に大きな出来事なのです。

政治家は偉そうにふんぞり返っている、あるいは大きな金を動かして利権でドロドロだというダーティーなイメージを持たれがちです。派閥のボスなどは、そういう人もいるでしょうが、ほとんどの議員は「落選したらただの無収入のおじさん・おばさんになり収入の当てがなくなる」ことをチマチマと心配している人間です。落選してバッチが外されたら、何の権限もないただの人になるという民主政治の原則は、まだこの国では活きていますから、そこは直球で考えればいいのです。「ただの失業者になりたいのですか?」というキツいプレスを穏やかに、紳士淑女のモードで、かつ確実に、束をつくってお伝えするという王道を思い出してください。

そのための技法や作戦は、まだあるのですが、紙幅の都合でこのくらいにします。このやり方は、必ず効果を発揮すると私は思います。合言葉は、「ＬＩＮＥよりも直電」です。事務所突撃と合わせてやってみてください。けっこうな確率で対応してもらえます。

実践編
第10章

戦争をやめてと世界に言いたい

毎日メディアからウクライナやガザ地区の戦況についてニュースが流れるたびに、何の罪もない普通の人たちが傷ついたり亡くなっていたりすることを知り、こちらの心も傷だらけになる。なんとかしたいという気持ちがあるけど、どうしようもないという気持ちも募る。

Facebookや X なんかをぼんやり見ていると「戦争やめろ！」とか「ガザに平和を！」、「ウクライナに平和を！」なんていう言葉が飛び交っているけど、そういう呼びかけがどういうふうに役に立っているのかよくわからない。「ＳＮＳで正論ばっかり言ってるだけで、自己満足にすぎない」なんて冷たく突き放す人もいるけど、そういう人はただ傍観しているだけじゃないかとも思う。そして、私もそうだ。

なんだか、ガザの子どもたちも、ロシアやウクライナの兵士や市民も、私たちも、「殺さないで！」という気持ちは一緒なんだろうけど、当事者でない私たちはどうしたらいいのかと思う。政府に訴えればいいかとも思うけど、政府のどこに言えばいいのか。戦争の決め事がされているところはあまりに遠く、私たちの生活とは別次元だ。

「言えない」ことの極北

「言いたいけど、どうすればそれが届くのか」という問題に関して、このトピックは究極の「言えない」の話だと思います。この本、「言いたいことが言えないひとの政治学」の最後は、もろもろの「言えない」の中でも最もハードルが高く、不安と悲しみの気持ちでたたずむ以外にないような気がするテーマです。今もこの瞬間に罪もない人が殺し合っているという事実に、どうすることもできないことを、いったいどうしたらいいのかというものです。

つまらない結論を最初に言ってしまえば、「念ずること以外にさしたることはできない」です。こういう虚しい結論は、最初に言ってしまって、問いの立て方を変えてみる必要がありま す。そうでないと、「ガザへの空爆のやめさせ方」という巨大な課題に個人が挑むという、全世界で本当に一握りしかいない人用のテーマ設定になってしまうからです。無理な問いの立て方は、シニシズム(冷笑主義)と不健全な妄想の引き金になってしまいますから、まずは「私たち弱くて小さな人間個人には、今行われている蛮行を止める力はない」と言ってしまいます。「一人ひとりの強い意志が戦争を止める」は、間違った物言いではありませんが、そのままでは世界を変える政治の言葉にはなりません。

では、どのような問いに言い換えたら良いのでしょうか？ まずは、一人ひとりの個人が最初に、そしてその次に、そこを経た後にと**順番に「できること」を考えねばなりません**。そのためにも、「ガザにおいてもウクライナにおいても、とりあえず、どうしたら〝停戦〟に持ち込めるだろうか？」という地点を決めねばなりません。なぜならば、イスラエルとパレスチナとが思想・宗教的に和解することは不可能だからです。人格をもった神様がこの世にたった一人だけいるという宗教的信念のスタートラインがある人たちが、そのすじで和解するなどということは、原理的にあり得ません。だから、「わかり合えなくてもいいから、とにかくそのドンパチを一回止めろ」というところが当座の着地点になります。

停戦の決断をしない理由

それでは「どうしたら停戦」となるかと、次は考えねばなりません。弾を撃ち続ける兵士たちに「撃ち方止め！」と命令できるのは、各々の政治的・軍事的リーダーです。プーチン、イスラエル首相が「一度停戦とする」と宣言しさえすれば、シンプルな話、三秒後にドンパチは止みます。ではどうしたら「とりあえず一時休戦だ」となるかといえば、リーダーたちが「停戦になったことで、その後自分たちが著しく不利な状況に陥らないことを確実に認識できた」

時です。

弾を撃ち続ける理由は、軍事的、作戦上のテクニカルな理由などもありますが、何と言っても「撃ち止めること」で自国民に弱気を見せたり、勢いが弱まった印象を与えて、指導者としての自分の支持基盤が動揺することを恐れるからです。つまり、拳を上げ続けないと、自分の権力を支える者たち（国民、政治家、軍人）に不安が生じて、それが転じて自分の命や地位が危険になる（暗殺、革命などによって）と思っているからです。そして、現場で戦う兵士やそれを銃後で支えるたくさんの人たちに犠牲と負担をかけていることを、リーダーは認識しているからです。

プーチンは、氷のように冷たい残虐非道なる悪魔のような指導者だと、多くの人々は思っています。本当にそうかもしれません。しかし、政治学の権力の議論を念頭に考えると、プーチンが拳を上げたまま降ろさない最大の理由は、勇ましいロシア愛などではありません。いつも権力の高みの地位から奈落の底へ突き落とされる不安が継続してあるからです。この不安が一定のテンション以下にならない限り、プーチンは弾を撃ち続けます。独裁者が頑強なる態度をあらためないのは、勇ましい心が人並み外れてあるからではなく、常に自分が裏切りに遭い、世界中の悪の象徴とされることを恐れる「不安な気持ち」がなくならないからです。

だから、穿った見方をすれば、プーチンは別にウクライナを占領しなくてもいいと思っているかもしれません。小国とは言え、今日ＡＩを駆使して行う戦争で（核兵器を使うことなく）広大な領土を占領し、なおかつ「占領した後の地域と人々を暮らさせ、食べさせ、反抗させないようにする」ことにかかるコストは天文学的なものです。そんなコストパフォーマンスの悪いことをするくらいなら、このままダラダラと戦闘を継続させて、なおかつあまり「国民総動員」のようなことはやらないで、大半の市民に経済成長の果実を堪能させておくことができれば、己の権力基盤は安泰となります。つまり、己の地位を維持させ、独裁政治を継続させるために、戦争を続けるというわけです。戦争を続けることで、アメリカからの圧力を堰き止めておけるという外交上の利点もあります。

独裁者の心情

逆に考えれば、独裁者の不安な心をなおも昂《たかぶ》らせるものは、彼らを悪の権化、諸悪の根源だと断罪する道義的非難でしょう。日常の国際ニュースなどを見ていますと、刺激的な映像とともにプーチンやイスラエルのネタニヤフ首相の冷酷非情な面構えがテレビ画面に映ると、それだけで多くの人たちは怒りと憎しみによって、この二人を「国際社会の指名手配人」だとする気持ちになります。悪者認定です。こいつさえ消してしまえば、世界には平和が訪れるのになどと、「プーチン二号、ネタニヤフ三号が常に世界には用意されている」という基本的なことを忘れた発想に心が支配されます。「善vs悪」という素朴な図式がそこにはあります。

実は、こういう気持ちを陰ながら支えている、あまり罪のない誤解があります。それは、「戦争」の反対語が「平和」であるという固定観念です。戦争か平和かなんだから、そんなの当然じゃないかとみなさん思うかもしれません。でも、それでは誰もが反対しない「平和」に敵対する「戦争」を支持する「悪人」、つまり戦争の問題をもっぱら善悪で考えることになってしまいます。心情的にはプーチンは悪人ですが、実は**戦争の反対概念は「対話」です。**

「対話」が暗礁に乗り上げれば、もはや話もこれまでとなって、ドンパチが始まります。昔、テキ屋をやっていたことがある「寅さん」で有名な渥美清さんは、撮影先の地方で因縁をつけてくるやくざ者たちに、静かにドスの効いた声で「あんちゃんたち。話せばわかることなんだからさ」と言ったそうです。だいたいはこれで終わりになったそうです。つまり、渥美さんが言った「話せばわかる」ということは、「それができなきゃ、面倒なことになるんだよ」という警告なのです。だから、裏を返せば「話をできている間は細い道かもしれないけれど、なんとかなるやもしれない」のです。五・一五事件で犬養《いぬかい》首相を撃った海軍軍人が「問答無用」と叫んだことは有名な話です。

平和という善の御旗を立ててしまうと、相手へのメッセージは「お前がこの世の善である平和を乱している犯人なんだよ」ということになります。もし本当に犯人とするに足る罪状と蛮行があったとしても、それがあるか無しかだけの話にしてしまえば、図式は「絶対善と絶対悪」となり、「話してもわからないということだ」という結論に陥り、ドンパチになります。

でも、善悪の問題は一度わきに置いて（忘れませんが）、「それはまた追々ということで、まずはお話を伺いましょうか？」とやり始めるのが対話です。対話は、次のような態度からしか始まりません。

「とやかくいろいろと言われておりますし、中身については議論紛々たるものもございましょうが、プーチンさんにも言い分というものがあると思っておりますよ。こちらは、ロシアとウクライナの揉めごとに関して、一〇〇対〇なんていうことがあるとするほど子どもじゃありませんから、こうなった事情というものをつまびらかにお話ししていただこうと思うのです。それを伺いたいです」

もちろん心根では、書いている私だって「プーチンの言い分なんて、そんなもん聞いたらすぐに熨斗紙《のしがみ》つけて送り返してやりたい」くらいの気持ちです。でも、もう一度確認しますが、目的は「世界平和」や「悪の権化たちの征伐」ではありません。そんなことはできないのです。最大の理由は、この世界のあちらこちらに散らばってしまった「核兵器」の存在です。

昔に比べて、（恐ろしいことですが）大国の指導者が「小型の核兵器を使用するにやぶさかではない」などと公言するような時代においては、まだ原爆が日本で実験される前に行われた、ヒットラーを追い詰めるノルマンディー作戦（フランス奪回のための上陸作戦）と同じようなことはもうできないのです。そして、口にはしても、もし核兵器を使用したらロシア自身もどういうことになるかは、さすがのプーチンもわかっているはずです。しかし、核の抑止力というものは、チキンレースのようなものであろうとなんであろうと、指導者たちの心を部分的に支配しています。悪の征伐は、理論上想定できたとしても、現実にはもう世界を取り返しのつかない惨状へと導いていくでしょう。奥歯を噛み締めて、「話せばわかることだと思うんですよ」と、プーチンに向かって言う以外にないのです。目的は「ドンパチを一度止めること」だからです。

私たちができること

ウクライナの領土問題が、戦争前の現状復帰となるかどうかは不明です。このまま消耗戦を継続して、ウクライナが経済的に破綻するのか、国際社会がそれをどこまで支援するのかもわかりません。このままイスラエルがガザを攻撃し続けて、ナチスに殺されたユダヤ人六〇〇万人の数をいつ超えるのかも（考えたくもないですが）わかりません。わからないことだらけです。

そもそも、我々日本国籍をもつ人は、ロシアやイスラエルの対外政策に対して一言ものを申す有権者ではありません。ですから、そこに声を届けることができるとしたら、それは日本政府の外交を担う役職者とその意を受けた国際政治の代理人しかいません。彼らの外交交渉が今、どのようになされているかはまったくわかりません。

日本の現政府がイスラエルのやっていることを支持しているアメリカ政府に圧力をかけることができるかといえば、それはまったく期待できません。日本にある米国軍事基地の運用にひと言も注文をつけられないような「日米地位協定」を結んでいる日本政府は、そもそも国内においても主権がないのですから、アメリカの中東政策に意見を述べるなどできるはずもありません。わが国政府単独では、何もできないと思っていて間違いありません。その筋はもう絶望的です。

そうすると、いても立ってもいられない私たちができること、悪の征伐ではなく「とりあえず停戦を促して、ドンパチを一度お休みにさせる」ために、ものすごく間接的な影響力しか与えることができなくても、心をひたすら痛めてYouTubeを眺める以外にできることは何なのでしょうか？　そこに到達するまで、どれだけのプロセスをクリアしなければならないのでしょうか？

ガザへの蛮行、ウクライナへの侵攻に対して、そこで無辜《むこ》の民たちが傷ついていることに対し、いろいろな声をあげている人たちがいます。そういう人たちと、気持ちは共有していると思います。あんな悲惨な映像を見て、心が塞がれることのない人は、たくさんはいないと思います。「軍拡よりも生活を！」「戦争やめろ！」「軍備よりも福祉を！」、そして「九条守れ！」といった定番の掛け声が響き渡ります。誰も反対しません。反対する理由がありません。軍拡よりも生活をと、多くの人たちが願っています。「殺すな！」と叫びたいです。福祉に金が足りないとみんな知っています。憲法九条こそが平和をもたらしてきたのだという大雑把なロジックには異論もありますが、その崇高な平和への志は理解できます。

しかし、それをひたすら叫び、使い古された言葉と「戦争の反対概念は平和である」という、世界を素朴に二分割させるロジックで、「とりあえず一回ドンパチを停めさせる」ことに直結するでしょうか？「プーチンとの対話」と言うと、「そのふわふわした意志こそ戦争を跋扈《ばっこ》させる原因だ」と叱られるのでしょうか？「軍縮を叫ばないと、戦争は無くならない」という言い方を、もう少し丁寧に言い換えられないでしょうか？　どういう言葉と、どういう行動が、一人でも多くのガザの子どもたちを救い、わずかでもロシア・ウクライナの兵士たちの死を減らすことに有効なのでしょうか？

私は、最後のこの「キツい」テーマに対して、この程度の言葉しか残すことができません。ギリギリで言えるのは「平和！」というメッセージは、人間の善と悪という道徳や道義の問題をフレームにしてしまうから、そこで人々の言葉はそれ以上豊穣なものにならないのかもしれないということです。イスラエルの市民の大半は、自分たちを世界の悪人であるとは思っていませんし、ロシアの不十分な情報しか与えられていない市民は、どうしてこれまで中立的立場だった北欧の国がＮＡＴＯ軍に急に加盟したのかと訝《いぶか》っているはずです。

そこに徹底的に不足しているのは、共有の言葉です。世界に生きる者たちは、驚くほどわずかな理解、言葉しか共有していません。「六〇〇万人ものホロコーストの被害を受けたユダヤ人がほぼ同じロジックでパレスチナ人を殺していること」の不条理を、世界とイスラエルは共有していません。ロシアとウクライナの関係も同じです。

私は、この実践編でさまざまな場面を想定して、具体的な事例の中で、どうしたら少しでも言えるヒントを得られるだろうと考え、どうしたら言えなくても、もうちょっと何かができないだろうかと思い、読者のみなさんに言葉を提案してきました。実に凡庸な結論になるかもしれませんが、あらためてこの極点のような「イスラエルやロシアに言いたいけど言えない」という事例を示すことで、逆説的に、「私のモヤモヤの話なら、この話よりも、ほんの僅かだけど〝言えそうだ〟」と思ってもらえれば救われます。

私がこの難題を前に、とりあえず「言ってみたこと」とは、「戦争の反対概念を平和としてしまうと、言葉を共有する機会を狭めてしまいますよ」という、実に慎ましいものです。でも、もしその指摘で、みなさんに何かのヒントが示せたのなら、次にやるべき、次に紡ぐべき言葉をまた探したいと思います。それが、「そうそう言えない」という謙虚なみなさんから、何かしらの最良なるものを引き出す契機だと信じているからです。

おわりに

全編を書き終えてあらためて感じるのは、いろいろな人間がいるこの世界で心の異音が大きくなった時、「言う―言えない」の二つに一つの選択肢しかないということはやはりないのだ、ということです。「言う」と「言わない」の間には、広大なエリアがあるということです。そのことをみなさんは知らない、いや「忘れている」のです。

言う／言わないけど呟く／言っておくが公開しない／他者に言ってもらう／言ったことにさせる／言ってくれる人を見つける／言わないことで尋ねさせる／無理なく言わせる／無理に言わせる／言えない理由の中に言いたいことをこっそり盛り込む／自分を代弁してくれる一節を探す／誰かが言っていたと流す／言わないふりをする……エトセトラ。

でも、これらのいずれにも共通するものがあります。ここには言いたいあなたの気持ちはもちろん、同時にあなたと「あなたの他者」との関係、つまり、**あなたと誰かの関係の表現である「政治」という力学**です。

どうしてこの世で暮らすなかでモヤモヤが生ずるのか？　言い換えれば、あなたがこの世にいることで「車輪の軋《きし》み」がどうして生まれるのか？　これらはこの世にあなたがひとりぼっちで存在していても絶対に生ずるはずがないものです。つまり、他者と「擦れ合う音と摩擦熱」は、あなたや私が今を生きている証拠なのです。

もちろん、軋む音の出るような嫌なことを体験することで、それを生きている証とするなどという悪趣味なことは言うつもりはありません。私にとって「生きること＝楽しく暮らす」であるからです。問題は、他者との摩擦音と熱が「楽しく暮らす」ことと、どう結びついているかです。ここで考え方が分かれると思います。「他者との葛藤がないこと＝楽しく暮らす」と思うか、「葛藤も含めて自分の発見＝楽しく暮らす」と考えるかです。葛藤やハレーションのない世界を求めるならば、他者のいない世界と空間が必要となります。ロビンソン・クルーソーは無人島の中で他者がいませんでしたから、他者との葛藤はありませんでした。

しかし、「人―間」は、「自分ではない者」がいてこそ、自分というものの像を結ばせることができるのであり、だとすれば他者の存在をハレーションを理由に拒否するなら、人間は自己を確認する手だてを失っていき、その先に生の喜びは展望できません。だから、論理的には「楽しく暮らす」ためには他者が必要で、逆説的には、他者との間の摩擦音と熱は、楽しい暮らしを追い求めることで生み出されるということになります。これが、私がこの本を書くにあたっての前提です。

あの手この手で、「いつもちゃんと言えるわけではないのなら、いろいろな言い方とふるまい方がありますよね？」と言った理由は、この前提があってこそなのです。この前提「楽しく暮らすことと、他者との摩擦音と熱は矛盾しない」がなくなると、この本はあっという間に「ハウ・ツー本」になります。「ダメだったオレ・ワタシが同期一五人を抜いて管理職に抜擢された秘技一〇！」みたいな、「相互に話が結びつかない謎のオイシイところ取り世渡りテク集」です。

私は、そういうアドバイス集のような「即解を出してくれる」効率性に比べると、圧倒的に要領の悪いやり方で、でも楽しく暮らすための工夫をみなさんと共有しようと思って、こんな本を書きました。

この「楽しく暮らす」の中には、「普通に生活する善良な人たちの中に、グレートな力とセンスを発見する喜び」という種のようなものがあります。いろいろな理由で、この種が埋まってしまって見えにくくなってしまっているのが現代のニッポン社会で、私はそれを探したくなったのです。

「楽しく暮らす」ためには、お金があって、豪邸に住み、良い服を着て、美味しいものを食べるだけではなく、弱くて小さな自分のそばに、同じく弱く小さな隣人がいて、思いがけずもその人たちが暮らしの中で垣間見せてくれる力、その人自身の偉大な存在を見出すことが必要です。

ですから、困っている人に手を差し伸べることが、ここでの目的ではありません。いわば、みなさんが「もうかなりできているのに、そのことに気がついていないこと」に、「それですよ」と指差すことが目的です。指差しがちゃんとできているかどうかは自分ではなかなかわかりませんから、それは読者の受け止め方をお待ちするしかありません。

私は、本書の冒頭で「言えない」を切り分けてみましょうよと呼びかけました。読者のみなさんが、切り分けられた言葉によって、もし楽しく暮らすために有益な解像度の上がった世界を以前よりも少しでも脳内描写できているなら、これ以上の喜びはありません。

謝辞

この仕事は、かつて私に政治学、とりわけ「市民の政治学」を唱え、指導してくださった先生がたに学恩をお返しするための報告でもあります。私は、先生がたから教わった「市民」という言葉がいったい誰を指しているのかを、あの時から三〇年以上ずっと考え続けてきました。そして、この「市民」から捨象されつつあった人々を、この時代にひとりでも友人として迎え入れるための言葉を、とりあえずここまで必死に紡ぎました。ものを書く仕事を許される限り、なおも継続したいと思います。

教室で、自宅で、そしてどこかで必死に呼吸をしているティーンズたちに、「君たちはきちんと生きのびるための工夫＝政治をしている」と、昨年呼びかけました。その仕事をやり終えた時、「かつてティーンズだった、今、日々を必死に生きる大人たちにもやはり言葉が必要なのです」と、編集者として、会社員として、母親として、そして生活者として、なおもこの仕事を真剣に促してくださったのが、晶文社の葛生知栄さんです。
今回の仕事も、執筆者、編集者という役割の違いを超えて、一緒に悩み、もがき、苦闘しながら、なんとかここまで到達しました。共に歩んでくださる編集者に巡り会えた僥倖は、言葉では表現し尽くせません。

ありがとうございました。
胸を張ってこの仕事をこの世に送り出しましょう。

戦後七九年、「失った言葉を取り戻せぬままの選挙」が終わった秋に

岡田憲治

岡田憲治（おかだ・けんじ）

政治学者、専修大学法学部教授。1962年東京生まれ。早稲田大学大学院政治学研究科博士課程修了（政治学博士）。専攻は現代デモクラシー論。広島カープをこよなく愛する2児の父、愛称オカケン。著書に『半径5メートルのフェイク論「これ、全部フェイクです」』（東洋経済新報社）、『教室を生きのびる政治学』（晶文社）、『政治学者、PTA会長になる』（毎日新聞出版）、『なぜリベラルは敗け続けるのか』（集英社インターナショナル）など多数。

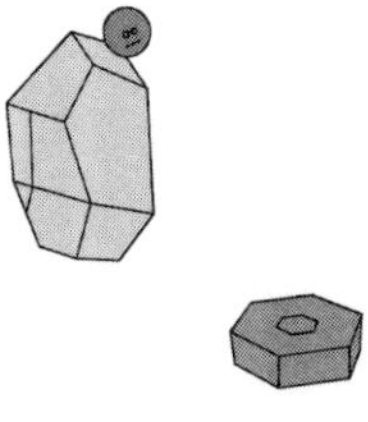

言《い》いたいことが言《い》えないひとの政《せい》治《じ》学《がく》

2024年12月15日　初版
2025年３月15日　２刷

著　者　　岡田憲治

発行者　　株式会社晶文社
〒101-0051　東京都千代田区神田神保町1-11
電話　03-3518-4940（代表）・4942（編集）
URL　https://www.shobunsha.co.jp

印刷・製本　中央精版印刷株式会社

ISBN978-4-7949-7457-0　Printed in Japan
JASRAC 出 2408496-401

犀の教室
Liberal Arts Lab

生きるための教養を犀の歩みで届けます。
越境する知の成果を伝える
あたらしい教養の実験室「犀の教室」

教室を生きのびる政治学　**岡田憲治**

心をザワつかせる不平等も、友だち関係のうっとうしさも、孤立したくない不安も……
教室で起きるゴタゴタには、政治学の知恵が役に立つ！
学校エピソードから人びとのうごめきを読みといて、社会生活をくぐりぬけていこう。

転換期を生きるきみたちへ　**内田樹 編**

世の中の枠組みが大きく変化し、既存の考え方が通用しない歴史の転換期に、中高生に向けて「これだけは伝えておきたい」という知見を集めたアンソロジー。若者たちがこれからの時代を生き延びるための知恵と技術がつまった、未来へ向けた11のメッセージ。

「踊り場」日本論　**岡田憲治・小田嶋隆**

「特定秘密保護法」「集団的自衛権」などを巡りやりたい放題の安倍政権。なぜこのような状況が生まれるのか、ジャーナリズムはそれをどのように伝えているのか、住みやすい社会には何が必要なのか…。コラムニスト・小田嶋隆と政治学者・岡田憲治が語り合う。

ふだんづかいの倫理学　**平尾昌宏**

社会も、経済も、政治も、科学も、倫理なしには成り立たない。人生の局面で判断を間違わないために、正義と、愛と、自由の原理を押さえ、自分なりの生き方の原則を作る！
道徳的混乱に満ちた現代で、人生を炎上させずにエンジョイする、〈使える〉倫理学入門。

モヤモヤする正義　**ベンジャミン・クリッツァー**

意見が対立するさまざまな問題について、多くの人はどちらの「正義」にも同意や共感を示し揺れている。こうした正義にまつわるモヤモヤに対し、どの意見が正しいのか、社会の規範はどうあるべきなのか、その「答え」を提示する政治哲学的論考。
